시와 함께 걷는 삶의 여백

이무권 시와 산문집

시와 함께 걷는 삶의 여백

넓은마루

책 머 리 에

    사람들 앞에서 무엇인가 말을 한다는 일은 두렵고 어려운 일이다. 가끔 사람들 앞에 설 때마다 느끼는 일인데, 미리 머릿속 생각을 정리하고 나서지만, 그 자리에서 물러나 생각하면 정작 꼭 전하고 싶었던 몇 마디는 빠뜨리고 마는, 내게는 치밀하지 못한 습벽이 있다. 시를 쓸 때도 이 습벽의 한계를 벗어날 수 없다. 물론 내 능력의 한계이기도 하지만. 그래서 이런 글까지 쓰게 되는 덧이 되기도 한다.

    이 글들은 내 시의 해설이 아니다. 시를 쓸 무렵의 내 생각들의 편린일 뿐이다. 그때그때 써두었던 시작노트와 생각을 적어둔 메모를 정리한 것이다. 많은 부분 내 개인의 독선과 억지가 어린 날 홍역의 열꽃처럼 흉한 모습을 보일지라도 구태여 보편적 사고의 틀로 재구성하지 않았다. 옳고 그름이 아니라 다양한 사유의 자유분방으로 읽히기를 바랄 뿐이다.

어쨌든 이 글들에 대한 포폄은 온전히 내가 감당해야 할 몫이다, 누가 뭐라고 하든, 내가 쓴 글은 내 것이고, 나는 나니까.

끝으로 이 글에 본인들 모르게 끌어들인 고금동서의 모든 분들, 특히 이름도 없이 불려나와 곤욕을 당한 많은 분들에게 고마움과 미안함을 전한다. 그리고 될수록 이런 유의 신변잡기를 문자화하지 않기로 다짐했던 젊은 내게, 하릴없이 늙어버린 내가 나이 탓이니 한 번쯤 눈감아달라고 양해를 구한다.

2020년 7월
이무권

차례

책머리에 4

제1부

더늠	10
달이 밝아서	16
두물머리에서	23
거기	31
손에 관한 몽상	37
욕설	44
시가 무어라고	50
불쏘시개	56
명절 철폐선언	62
어떤 기도	69
꽃피우기	75
길에서	81

제2부

주례	88
반추反芻	95
들꽃 읽기	102
출근길 여담	108
겨울 단상斷想	115
몸살	121
살풀이굿이라도	127
길 찾기	134
그만의 길	140
사랑이야기	147
덤과 에누리	153
집 방석 내지마라	159
민들레꽃	165

제3부

치악산	174
한로	181
굿 구경	188
염치	195
이름	202
보이는 것, 들리는 것	209
무궁화꽃이 피었습니다	216
여백 남기기	223
문 열어줄 사람을 기다리며	229
끝나지 않은 이야기	236
과잉과 결핍	242
세상살이	247

제1부

가을 강물 급히 흘러 용나루 닿았더니
아전이 배 세우고 비웃다가 화를 낸다
서울 길 오가기 십년 관복 한 번 못 입은 일
　　秋江水急下龍津 津吏停舟笑更嗔
　　京洛旅遊成底事 十年來往布衣人 －[李達 龍津]

더늠

한때 초등학교의 가을 운동회가 그 지역민 전체의 축제가 되던 때가 있었다. 그날만은 학교에 다니는 자녀를 둔 가족뿐만 아니라 온 동네가 모두 학부형이 되고 형제자매가 되어 응원을 했다. 청백으로 갈린 승부의 결과를 마치 자신의 일인 양 기뻐하기도 하고 애석해하기도하면서 그 열기를 어른들의 밤샘뒤풀이로 이어가기 일쑤였다.

내가 다닌 학교는 한 학년이 두 학급씩으로 그리 크지 않은 규모였으므로, 여러 종목의 단체나 개인 경기에 나갈 수가 있었는데, 그 중에서도 가장 관심을 끄는 개인 종목은 여덟 명이 한조가 되어 함께 경주하는 100미터 달리기였다. 여덟 명 중 세 명만 상을 받도록 정해져 있어 결과에 따라 세 명은 시상하는 자리로, 나머지 다섯 명은 자신들의 학급이 모여 있는 대기석으로 되돌아가야 하는데, 나는 초등학교 6년 동안 시상하는 자리에는 한 번도 가지 못하고 늘 되돌아오는 무리의 선두를 차지했다.

한 명만 제치면 상을 받을 수 있었는데, 온힘을 다하여 달려도 네 번째밖에 될 수 없었던 어린 날의 그 한계, 그 넘을 수 없는 선이, 어쩌면 지금까지의 내 삶을 관류貫流하고 있는, 이 세상에 오기 전부터 미리 정해진 내 길이 아닐까 하는 생각을 가끔 해본다.

산다는 과정은 나름 나름의 의미를 쌓아가는 일일 터인데, 앞만 보고 달려오다 되돌아본 길 위에 우거진 잡초만 서릿바람에 시들고 있는 모습이 유난히 뚜렷이 보이는 날이 있다. 안정된 직업을 가지고 가족들과 비교적 안락한 삶을 살아온 일이 결코 하찮은 일이 아니라는 사실을 알면서도, 나만의 삶, 내가 하고 싶었고, 잘 할 수 있다고 생각했던 일은 늘 다음 번 순위로 밀어내며 살아왔다는 생각이 미칠 때, 내 걸어온 길들이 모두 무화無化되는 아득함을 곱씹지 않을 수 없는, 그런 순간이 있다.

판소리에서 어떤 소리꾼이 남달리 세련되게 표현하고 자주 즐겨 부르는 어느 대목을 그 소리꾼의 더늠이라고 한다. 걸쭉한 육담마저 상스럽지 않게 맛을 내는 신재효의 십장가 같은 대목, 그 더늠의 얼개들이 잘 짜인 우리 고유의 소리이기 때문에 판소리가 꾸준히 대중들의 사랑을 받고 있는 이유이기도 하다. 그런데 더늠 한 번 못 짜 본 소리꾼, 그의 소리를 끝까지 들어 줄 청중은 많지 않을 것 같다.

내 生에도 내가 짜본 더늠이 있었을까? 곧바로 떠오르는 기억이 없다. 기억의 부재라기보다는 실감할 수 있는 자극의 부재라는 표현이 더 적실하겠지만, 내 감각의 지평에는 시상대에 올라본 적이 감지되는 대목은 없다.

롯의 아내가 소금기둥이 되도록 유혹적이던 그 되돌아보기, 나 역시 그 유혹을 벗어날 수 없는 존재다. 활짝 열린 창문을 통하여 바라보는 앞산에는 한 마디로 규정할 수 없는 각양의 푸름이 경연대회라도 하는 듯 서로의 색깔을 자랑하고 있다. 이런 때일수록 뒤쪽으로 거슬러 돌아가는 내 사념의 역류를 그대로 따라가 보는 수밖에 다른 도리가 없다. 남들의 눈에는 그리 하찮은 인생은 아니라는 듯한 반응으로 비쳐지기도 하는 모양이지만, 내 기억의 전시장은 온통 비겁과 안일의 구도 속에 게으름과 핑계로 채색된 민망한 그림들뿐이다. 물론 아직도 남들 앞에서 내 자괴의 온도만큼 나를 감지할 수 있도록 그 그림들을 오롯이 공개할 만한 용기도 없다. 아마도 그 부끄러움은 이 세상에 남기고 싶지 않은 유일한 유산이 될 듯하다.

마침 텔레비전 화면에 비치는 세상 소식들은 날씨보

다 더 체감온도를 부추기고, 하지를 갓 지난 낮의 길이만큼, 부패하고 무능하다고 매도되고 있는 집권자의 임기도 길게만 느껴지는데, 자칭타칭 정치평론가라는 위인들의 아전인수가 물마 진 진흙길만큼 질척거리는 짬 이런저런 생각을 하다가 산책길에 나선다. 마을 앞을 지나 동화골 계곡을 끼고 산길을 걷다보면 멧새 두어 마리 앞길을 안내한다. 네댓 걸음 앞에서 갸우뚱갸우뚱 내 눈치를 보다가 가까이 가면 그만큼 다시 앞서가며 똑 같은 행동을 반복하는 게 아무래도 함께 놀아달라는 당부 같기도 해서 기꺼이 그들의 안내를 받기로 한다. 저들끼리 돌아가는 낌새인 듯 이 쪽에서 짧은 울음소리를 내면 숲속에서 화답하는 새소리도 낭자하다. 그런데 내 마음 탓인가. 그 새소리들마저 더위에 지쳐 목이 쉰 듯 선명하지가 않다.

산기슭에 이를 때까지 지나는 사람 하나 없다. 그러고 보니 계곡에서의 물놀이를 금지하고 사람들의 접근을 차단하는 휴식년으로 지낸 지 몇 해가 된 듯하다. 찾아오는 사람들 등쌀에 계곡마저 지쳐, 마침내 계곡의 휴식년을 공고한 행정당국의 고심도 짐작이 가지만, 자연을 아끼고 존중할 줄 아는 사람들의 마음가짐 없이 무슨 수로 계곡이 잠이라도 제대로 잘 수 있었을까 싶다. 사람만 없으면 산도 강도 아무 탈이 없다. 사태가 나고 고목이 쓰러져도 그들만의 방법으로 치유하고 회복한다. 자연보호의 첩경은 자연을 자연에 맡기고 사람들의 간섭을 최소화하는 일이다. 여름 홍수 때마다 끊어지는 도로나 강둑은 어김없이 사람들이 억지로 물길을 막거나 돌린 지점이다. 자연재해의 대부분은 반복되는 자연의 경고를 무시하는 사람들의 오만이 불러오는 재앙일 뿐이다.

길가에 드문드문 원추리, 미나리아재비, 기린초, 소루쟁이 등이 제철을 기억하고 손짓을 하지만, 어디 가나 잘난 체 나서는 꽃은 개망초꽃이다. 가난했던 시절 외국의 원조 양곡과 함께 들어온 귀화식물이라는데, 기차역 주변에 무성했던 까닭에 속칭 '철도청 꽃'으로 불리기도 했던, 돈의 힘이나 권력의 자장磁場 안이면 어디서나 때를 가리지 않고 만발하는 어떤 부류의 사람들만큼이나 번식력이 왕성해서 이제는 우리 온 들판을 점령해버린 꽃이다. 아름다운 우리말로 한층 정겨운 봄의 전령인 민들레조차 우리 고유의 민들레를 우리 산하에서 만나기 힘든 지경에 이른 생태계의 혼돈이 사람 사는 곡절과 무관한 일일까.

인성과 물성이 같으니 다르니 부질없는 다툼으로 4대강 하상 파듯 많은 사람들 사이에 깊은 갈등의 계곡을 새겨온 우리 선조들이 나무랄지는 몰라도, 생존의 측면에서는 사람이나 풀이나 다를 바가 없지 않을까 하는 생각이 든다. 물이 있는 곳, 기름진 땅이면 어디든지 찾아가는 뿌리 뻗음, 햇빛을 향한 발돋움, 바람맞이에서의 몸 낮춤까지 처세에 능한 사람들의 흉내를 풀들은 예사로 따라

한다. 어쩌면 사람들이 그들을 본받고 있는 것일지도 모르지만.

 무덥다. 마침 절집 앞에 샘이 있어 목을 축이고, 나무 그늘에 들어가 잠시 땀을 식힌 뒤 돌아서 산길을 내려왔다. 해라도 지면 좀 시원해질까. 바람이라도 불었으면 좋겠는데, 요 며칠 바람 한 점 없는 밤을 보냈다. 바람도 더위를 피해 어느 산자락에서 며칠씩 잠이나 자고 있는 것 같다. 아무래도 내 삶의 소리마당에서의 더늠은, 무능과 나태 그 자체가 아닐까 싶다.

하지 무렵

더늠 한 번 못 짜본 삶이
새삼 서러워
울다 지쳐 목이 쉰 새소리 따라
지향 없이 나서본 해거름 들길
밤 온다고 시원한 바람 매양 불까만
마실수록 목마른 낮은
왜 이리 길고
개망초꽃은 어이 저리 흐드러졌노?

달이 밝아서

　연속극이나 연예프로그램보다 더 흥미로운 뉴스로 텔레비전 화면을 달구던 한때가 있었다. 방송채널마다 특집을 편성하여 정치평론가나 현역정치인들을 불러 시국의 진단이나 전망에 대한 백가쟁명의 열띤 토론으로 밤잠을 설치게 하는 일이 예사였다. 국가권력의 비선실세가 십상시, 팔선녀, 문고리 3인방이니 하며 자주 거론되는가 하면, 청와대의 뒷문을 수시로 드나든 한 여인의 가족사가 흥밋거리로 회자되고, 국외로 달아난 그의 딸을 추적한 방송기자의 현지중계가 해외에 나가 있는 우리 선수들의 축구나 야구경기보다 더 많은 시청률을 점유하며 실시간으로 방영되기도 했다.

'위솔 이술원이 성천부사로 있을 때 그의 맏아들이 상복 차림으로 대문 밖에 와서 기다리며 아전을 불러 들어가기를 청하였다. 이술원이 "상복을 입은 자는 공문으로 들어올 수 없고 정당에 올라와서도 안 된다." 하고 아전에게 명하여 담장을 헐고 들어오도록 하여 내사에 있게 하고 자신이 몸소 들어가서 만나보았다. 내가 곡성에 있으면서 이 말을 듣고서 훌륭하다고 생각하였다.' [李衛率術源嘗爲成川都護, 其胤子以衰服至, 舍於大門之外, 召吏請入謁, 李公曰 "衰服者, 不可由公門, 不可上政堂." 命吏毀垣而納之, 處之內舍, 躬就而見之, 余在谷山, 聞而善之](목민심서 율기6조 제1조 칙궁)

다산의 말이다. 외지의 고을수령으로서도 처신이 이러한데 하물며 청와대의 빗장이 어떠해야 할 것인지는 말하지 않아도 알 수 있을 것이다. 어려워야 할 대목이 너무 쉽고, 쉬워야 할 대목에서 너무 어려운 곳에 권력은 늘 병들고 기형화하는 게 아닐까.

빼앗긴 것 없이 강탈당한 기분으로 온 국민의 울분을 끌어올린 또 하나의 사건은 그 이전에 있었던 수학여행길의 어린 학생 수백 명의 목숨을 앗아간 여객선 침몰사건이었다. 흔히 있을 수 있는 해상의 교통사고쯤으로 알고 있었던 국민들이, 실은 이 사건이 권력과 돈줄이 엮어온 얼개의 역학과 생명보다 절차와 편의를 우선시하는 행정당국의 안일한 대처에 뿌리 내린 인재였음을 알고부터 이어온 촛불 행진이 더 큰 동력으로 정권의 뒷덜미를 잡아 채는 것 같다. 여기서 다시 한 번 다산의 말을 들어보자. 다산이 인용하는 전고가 대부분 중국의 것이라서 아쉽지만, 역시 여기서도 후한의 유곤에 대한 일화다.

'유곤이 강릉령으로 있을 때, 그곳에 화재가 발생했다. 그가 불을 향하여 머리를 조아리니 바람이 반대 방향으로 불어 드디어 불이 꺼졌다고 한다. 생각해보면, 이는 실로 우연한 일이다. 그러나 유곤이 그 때에 필시 눈물을 흘리고 초조해하며, 정성이 극진하고 백성을 불쌍히 여겨 슬퍼함이 참다웠던 까닭에 족히 하늘을 감동시켰을 것이다. 그러기에 강릉 백성들이 그 공을 현령에게 돌리지 않았겠는가. 만약 그가 냉담하게 머리를 조아리는 데 그쳤다면 필시 그런 말이 나오지 않았을 것이다.' [劉昆爲江陵令, 縣有火災, 昆向火叩頭, 風反而火尋滅, 案, 此誠偶然耳. 然昆於此時, 必涕泣焦燥, 其至誠惻怛, 有足以感動天心, 故江陵之人, 歸功於縣令, 若冷淡叩頭而止, 則必無此言.](목민심서 애민6조 제5조 관질)

세월호 참사의 비극 앞에서, 우리 모두 한 번 다시 자신을 살펴보아야할 사람의 도리, 그 근본은 역시 진정인 것 같다.

돌아보면 저 패널들의 불꽃 튀기는 논쟁의 과녁에서 스스로 자유로울 사람이 몇이나 될까 싶다. 나 역시, '당당하게 살다가, 담담하게 죽자.'는 내 평소 생각과 다른,

나도 모르는 엇박자에 얼마나 당혹해왔던가. 비굴과 호도로 점철된 앞발과 뒷걸음 사이의 간극은 또 얼마나 컸던가. 타인의 눈동자 속에 있는 나를 살피느라 정작 내 실제의 모습은 바로보지 못하고 살아온 삶의 궤적을 나는 늘 의식적으로 외면하고 살지는 않았는가. 내가 죽어져야 할 자리에서 담담하자던 각오가 궁색한 변명과 비겁한 발뺌으로 퇴색될 때의 그 역류성식도염 같은, 치밀어 오르던 그 시큼한 맛을 곱씹어본 적은 또 얼마던가. 잠자리에 든다고 쉽게 잠이 올 것 같지도 않아서, 이런저런 생각을 떨치고자 밖으로 나서니 초겨울 밤공기가 선뜻하다.

어찌 보면 인간은 가장 세속적인 데에서 가장 종교적인 인식을 갖고 있다는 생각이 든다. 자기 절대성이나 궁극성은 종교의 본질인데, 오히려 정치나 경제 활동의 장에서 두드러지는 현상이 이들이다. 자신의 생각과 반대되는 주장은 늘 이단이고, 그러한 이단은 협상의 대상이 아니라 제거해야 할 적이라는 인식이, 정치의 현장은 물론이고 토론장에 나온 보수니 진보니 하는 자신의 진영을 대표한다는 인기 있는 논객들의 변함없는 태도다. 신념이라기보다는 자기 진영의 눈치를 보고 있다는 혐의를 떨쳐버리기 어려운 국면에서도 논리의 결함을 고성과 수다의 우격다짐으로 채우는 재주가 비상한 지식인들이다. 그 토론의 주제가 무엇이든지 출연한 패널의 이름만 들으면 무슨 말이 그들의 입에서 낭비될 것인지를 미리 알고 있는 시청자들은, 나름대로 자신의 예측이 맞아 돌아가고 있음에 재미를 느껴 계속 지켜볼 뿐 그들의 주장에 설득당할 생각은 추호도 없는, 듣기 놀이의 전문가들이 다 되어버렸다. 그들만 모르는 공공연한 비밀이기도 하지만.

언론이 막강해진 그 권력을 내려놓고 중립을 견지하고, 판사가 그야말로 법과 양심에 따라 소송당사자가 누구든지 가리지 않고 동일하고 엄격한 잣대로 공정하게 재단만 해준다면, 나머지 세상의 모든 분야가 다 썩어 문드러져도, 세상은 새싹이 돋고, 튼실한 열매를 달 때까지 잘 자랄 수 있을 텐데 그마저 기대하기 어려운 형국에 이르고서야 무슨 푸념을 더 할 수 있을까? 그러나 늘 목소리 큰 자들과는 달리 묵묵히 세상의 방부제 역할을 하고 있는 소수의 깨어 있는 자들이 있다는 믿음이 있기에 나는 세상을 낙관하는 편이기도 하다.

하필 지금 이 땅에 태어나 삶을 이어가고 있다는 사실이 비극일까 요행일까 하는 문제도 역시 그 해답은 간단명료하다. 각자가 믿는 대로 세상은 응답하는 법이다. 비극이라고 생각하는 사람에게는 비극으로, 요행이라고 생각하는 사람에게는 행운으로 보답하는 게 세상이다. 절대권력 밑에서 하라는 대로 하기만 하면 이리저리 머리 굴리지 않고 살던 때가 오히려 단순해서 행복했다는 사람도 있을 수 있고, 너무 선택의 자유가 많아서 혼란스럽기는 해도 자신이 선택한 길을 갈 수 있어서 지금의 백가쟁명을 즐긴다는 사람도 있을 수 있는 게 세상의 다양성이 가진 이점이다.

여기까지 생각하다보니 나 또한 저들 패널들만큼 경색되어 있었다는 생각에 으스스 한기가 파고든다. 주위를 둘러보니 헐벗은 나무들과 빈 대지에 달은 밝아서 더욱 음산한 풍경이다. 밤의 동물들이 황겁히 달아나는 기척이었는데, 산 밑에 있는 집이라 자주 내려와 대문간을 서성이는 고라니 모자의 모습만은 여전히 여유롭다. 그러고 보니 저들이 아니라 내가 오히려 내 존재를 저들에게 들켜버린 셈인가? 지금부터 슬슬 달아난 잠이나 데리고 들어가서 다독다독 자장가나 불러보아야 할 것 같다.

달이 밝아서

TV 전원을 껐다.
온 세상이 정숙하다. 요즘
내 안에 무시로 찾아와 딴전 벌이고 앉아 있는 타인들
배웅할 만한 때거니 문을 나선다.
예상치 못한 인기척에 고양이 발걸음 황망하고
수묵화에 심취한 달이 한가롭다.
약솜에 요오드액 번지듯 온몸에 파고드는 한기, 비로소
타인의 욕망과 충동이 작별한 자리에서 나를 만난다.

삶 앞에 당당하고
죽음 앞에 담담하자고 다짐하던 자유의 노래
후렴으로 갈수록 더듬거리다가 잦아들고
뿌리도 알지 못하는 슬픔 하나
달무리로 내 머리맡에 주섬주섬 똬리 트는 자정 넘은 시간
갈수록 어기대기만 하는 잠까지 동무삼아 뜰로 나섰다가
대문간을 서성이는 고라니 식구에게
고향땅 오래된 조개더미[金海貝塚]처럼 켜켜이 쌓여가는
내 우울과 권태를 통째로 들켜버린
민망한 밤이다.

두물머리에서

    서울, 특히 강북지역에 볼일이 있을 때 내가 선택하는 길은 대개 여주, 양평, 덕소와 구리를 거쳐 강북로에 이르는 경로다. 고속도로의 속도감이나 편리함보다 국도의 여유로움이 좋고, 무엇보다 그 길이 남한강과 함께 흐른다는 지리적 여건에 따른 의취意趣 때문이다. 빽빽한 일과에서 시간을 할애하여 사람을 만나거나 무슨 모임에 참석하던 젊은 날과는 달리 요즘은 오히려 남아도는 시간에서 간간이 찾아오는 주된 일들이 사람을 만나고 모임에 나가는 일이라서, 시간에 쫓길 일이 없으므로 가능하면 내가 선호하는 길을 내 방식으로 즐기며 다니는 편이라 이런 선택도 가능한 일이다.

문막에서 자동차전용도로를 타고 세종대교를 건너 이포보 쯤에 이르면 대부분의 여정에서 남한강이 곁을 지켜준다. 강물을 옆에 두고 나아가는 일은 우선 한 쪽이라도 활짝 열린 지평이 답답하지 않고, 맑은 날의 강물 위에 이는 윤슬이 정겨워서, 멈추어야 할 곳 많고 흠집도 많은 국도의 단점을 상쇄하고도 남을 만큼 정취가 있다. 게다가 쉬고 싶으면 어디서나 쉴 수 있는 여유가 있고, 고속도로에서는 놓치기 쉬운 노변의 정경을 빠짐없이 엿볼 수 있어 좋다. '아, 벌써 봄기운이 실렸네.' 하는 내심의 소리가 나올 만큼 이른 봄 잎도 피지 않은 버드나무가지 끝에 불그스레한 기운이 도는 낌새를 살피고, 산수유 익어가는 과정도 곁눈질하는 재미를 마다할 이유가 없다.

낙동강 하구를 끼고 아무렇게나 퍼질러 앉은 김해평야에서 성장기를 보낸 일은, 내게는 예상치 못한 행운이었던 셈이다. 함안의 산골에서 태어나 변변한 강물 한 번 만나지 못하고 유년기를 보내고 나서, 비로소 만난 강물이 연출하는 각양의 식생植生이나 이를 기반으로 한 각종 동물류의 여유로운 삶에—아마 그들이 내 말을 알아듣는다면, 목숨을 걸고 살아가는 그들의 치열한 삶을 폄훼한다고 화를 낼 일이지만—끼어들어 그 중의 하나가 되는 일이 마냥 좋았다. 지금은 인근 광역시의 양자로 편입되어 부산시 서구 가락동으로 이름까지 바뀌었지만 서낙동강을 끼고 그 서쪽에 자리한 김해군 가락면의 남쪽 델타지역에 있던 내가 자란 마을은, 넓은 들에 띄엄띄엄 한두 집씩 자리하고 있던 산촌散村이었다. 그곳 지리에 익숙하지 않은 사람이 들어왔다가는 빠져나갈 수 없을 만큼 이리저리 제멋대로 달리는 개울들이 미로를 형성하고 있던, 조금 과장해서 말한다면 그 무렵까지는 그야말로 원시의 땅이었다. 한겨울만 제하고는 집 앞의 개울이 세면기가 되어주고, 욕실이 되어주던 넉넉한 자연의 품안에서는 내 초라한 외양이 가난일 수만은 없었다.

어른들의 걱정을 들어가면서도 여름 한 철은 그 개울에서 붕어처럼 지냈고, 겨울이면 앉은뱅이스케이트를 타고 지금의 실내체육관으로는 상상도 못할 만큼 넓고 긴 빙판을 지쳐나가는 맛은 참 달콤했다. 개울가는 예외 없이 갈대숲이어서, 어머니 따라 갈품을 뽑아 빗자루 만드는 일을 돕기도 하고, 가을이면 아침녘 이슬이 마르기 전에 힘들이지 않고 갈대에 붙어 있는 메뚜기를 한 됫병 가득 잡는 재미를 즐기기도 했다.

강변의 삶이 마냥 즐거운 것만은 아니다. 그 때만 해도 수해를 대비한 대책이 미비해서, 여름 한철에 적으면 한두 번, 많으면 서너 번씩 물난리를 겪었던 기억이다. 비가 많이 오는 날은 수업을 단축하고 같은 방향의 마을별로 분류하여 선생님들이 학생들을 집까지 안내할 만큼 위험할 때도 더러 있었다. 흙탕물에 갇힌 길은 어디가 길인지 어디가 논인지 분간하기 어려워, 자칫 실족하는 사고라도 생길까 염려스러워 선생님들마저 나서지 않을 수 없는 형편이었다. '어린애가 태어나면 삼신님께 어린애 발가락이 오므려 들도록 빈다'는 우리끼리만 통용되던 속담이 있을 정도로, 말라 있을 때는 돌같이 단단하다가도 비가 오면 맨발로 발가락을 오므리고 걷지 않을 수 없을 만큼 미끄럽고 차진 그곳 땅바닥 흙의 특성 때문에, 선생님도 학생들도 신발을 벗어들고 맨발로 걸어가던 그 때의 우스꽝스러운 모습이 지금도 눈에 선하다.

서낙동강은 김해평야의 용수를 위해서 명지와 녹산 사이의 하구에 수문을 설치하여 바닷물의 역류를 막고 있다. 그러나 봄 가뭄 때면 바닷물이 스며들어 염분의 농도가 올라감에 따라 민물고기들도 저절로 적응이 되어가다가, 기다리던 비가 내리면 오히려 민물고기들이 민물에 적응을 못하고 강물 위로 떠올라 혼수상태에 빠져드는 일이 연례행사처럼 반복되는데, 그 때는 힘들이지 않고 물고기를 잡을 수 있어 온 동네가 강둑으로 달려가는 일도 흔했다. 어떤 날은 학교에서 돌아오던 길에 논두렁을 따라 뛰어다니다 보니 개울로 이어진 논두렁 옆 얕은 고랑에 70~80센티미터쯤의 잉어가 등짝을 들어낸 채 가쁜 숨을 쉬고 있어, 친구들을 불러 잡아보자고 접근을 하는데, 이놈이 논 가운데로 달아나는 바람에 온 논을 휘젓고 다닌 일로 어른들로부터 심한 꾸중을 들은 일도 있었다.

물론 잉어는 우리들을 데리고 한 바탕 잘 놀다가 개울로 무사히 돌아갔지만, 학교에서는 몇 달이 지날 때까지 흥밋거리 이야기의 높은 순위에서 내려온 적이 없었고, 날이 갈수록 잉어는 자라나 어른 키보다 커졌다.

 그 뒤 대동으로 이사를 하고, 나도 고향을 떠나 있어 내가 자란 땅을 가보지 못하고 살아온 지 갑년의 세월이 흐르는 동안 내 기억을 의심할 만큼 모든 것이 다 변해버렸다. 내가 다닌 초등학교가 이토록 작은 학교였던가 하는 크기의 미망에서부터, 지금 이곳이 내 기억의 현장이라는 생각이 믿기지 않을 정도로 변했다. 옛 모습을 지워버린 길과 집들이 내가 나를 의심할 만큼 내 기억과는 판이한 그림으로 재현되어 있다. 본래 전설이나 신화라는 게 이래서 믿지 못하면서도 빠져드는 것인가 보다.

 강물이 불러다주는 어린 나를 상대로 한참을 주고받고 수다를 떨다가, 이윽고 양수리에 다가가면, 습관적으로 현재의 시각을 확인하고, 목적지의 도착시각을 가늠한 뒤, 일부러 양수리 쪽으로 진입하여 두물머리를 찾는다. 지금은 세미원의 확장과 치장으로 옛 두물머리의 전망지점으로는 사람들이 많이 찾지 않는 모양이나, 내가 찾는 곳은 언제나 예전의 그 장소, 400년 느티나무가 버티고 서 있던 지점이다.

 일곱 번의 전생을 기억하고 있다는 사람의 이야기를 읽은 일이 있다. 전생에 내가 살던 곳이 혹 이 언저리여서

나도 몰래 발길이 저절로 이곳으로 향하는 것은 아닐까? 그런데, 오늘 내 삶이 지난 생들로 인한 필연적인 결과라면, 그 전생의 먼지 한 알 분량의 기억도 지니지 못한 지금의 나로서는 너무 황당한 일이 아닌가? 끝없이, 오늘을 내일의 과제로 살아가지 않을 수 없게 만드는 이 부조리의 합리화에 맞장구칠 일은 아닌 듯싶다. 현재의 내가 환영幻影이라면, 내일의 내가 또 그 다음에 올 내일의 환영일 수밖에 없는, 이 끝없는 실체 찾기의 숨바꼭질은 어떻게 해석해야 할까? 지금 이 순간 이 자리에서 내 삶이 멈춘다면, 여기가 나의 경유지이자 목적지일 터, 오늘은 과정이면서 목표이지 내일을 위한 징검다리만은 아니라는 생각이다. 남한강과 북한강을 아우르면서 양구의 물인지 정선의 물인지 구별하지 않고 섞이는 두물머리처럼, 어제는 물론 내일까지 끌어와 한 통속에 집어넣을 수 있는 오늘이 더 질펀하고 잔잔했으면 싶다.

내가 따라온 남한강과 대성리 방향에서 내려오는 북한강이 한데 어울려 물 흐름의 방향도 짐작할 수 없는, 낙동강 하구처럼 탁 트인 강물 앞에 서면 물 밑에 침전된 진흙처럼 내 마음 속 각종 포말로 들끓던 잡념들도 조용히 가라앉는다. 친구 삼아 내 늙어가는 길동무로 함께하고 있던 천성의 우울과 권태가 저만치 물러나면 나는 어릴 때처럼 돌팔매질 몇 번 하다가 자리를 뜬다. 철새 한 무리 강을 넘는 사이 하늘은 나지막이 내 가까이 내려앉는다. 벌써 눈이라도 오려나?

양수리를 지나며

두물머리, 경유지의 경유 지점, 마흔일곱 번째 이 별을 찾아왔다는 한 사내의 말을 믿는다면 한평생 고기잡이나 하면서 이곳을 지켰을 내 전생의 기억 때문일까 이생의 고향만큼 낯익어 보이는 풍경들이 나를 자주 불러들이는 곳, 그 넓은 가슴으로 세상을 받아주던 연잎도 시든 채 오체투지로 엎드려 강변의 부유물로 출렁거리고 변덕 심한 사람들의 발길도 뜸한 한낮 어제의 물이 오늘의 물을 막아서지 않고 오늘의 물이 내일의 물을 두려워하지 않는, 흐름의 몸짓도 없이 흘러가는 강가에 섰다.

카르마[業]의 마야[幻], 한 번도 본 적 없고 죽는 날까지 만날 일 없어도 내 삶의 곁가지 끝의 시든 이파리 하나 어찌할 수 없는 사람들이 명절날 귀성길 기차표 구입 창구에 줄서 있는 사람들 틈에 끼어들 듯 태평양 심연에 잠자고 있던 내 분노와 설움을 일깨울 때면 어김없이 내 안으로 흘러드는 강물, 늘 줄서 있으면서도 순번으로 우열을 가린 적 없고 양구 주민의 설거지 하던 물과 정선 주민의 몸 씻은 물이 서로를 배척하지 않고 품어주는, 다 흘려' 보내고도 한[限]없이 한[恨]없이 오늘의 물로 충만한 강물, 정작 찾아와 마주한 내겐 언제 보았느냐는 듯 눈길 한 번 주지 않는 무심한 그 시선을 따라 바라보는 아득한 하늘가에 철새 한 무리 강을 건너고 있다.

거기

 늙어가는 외로움만큼 전화기의 침묵도 길어져간다. 하루 종일 있어도 의미 있는 전갈은 없고, 몇 차례 울리는 신호음이 불러들이는 객은, 나를 왕 같은 손님으로 모시겠다는 장사꾼들의 달콤한 유혹의 술어들뿐이다. 그런데도 가끔 전화기를 집에 두고 외출한 날은 집에 돌아오는 시간까지 불안해서 서둘러 귀가하는 때도 있다. 버스나 기차간에서도 예전처럼 옆 사람과 인사를 하거나 대화를 나누는 모습은 보이지 않고 대다수의 승객이 줄곧 스마트폰과의 대화로 일관하고 있는 그 한결같음에 감탄할 뿐이다.
 온라인에서의 삶이 오프라인에서의 삶을 주도하고 있는 현실을 탓할 사람은 아무도 없다. 그 속도와 편의성에 기대어 현대인들은 유래 없는 풍요의 삶을 누리고 있다. 물론 온 지구상의 모든 사람들이 함께 누리는 풍요로운 삶이라고 속단할 일은 아니지만 이전 세기의 인간이 누리던 삶보다는 획기적인 진전이 있었음을 부인할 수는 없을 것이다. 그런데 많은 사람들이 그 삶에서 느끼는 행복감의 크기에 대해서는 의견이 일치하지 않는다. 오히려 불행해졌다는 의외의 말을 하는 사람도 적지 않다. 행복은 감정이 아니라 존재의 방식이라는 말을 다시 한 번 곱씹어보는 대목이다.

돌이켜보면, 오늘의 풍요를 얻은 대신 잃어버린 것도 많은 것 같다. 속도감이 주는 쾌감이 있다면, 기다림 속에서 차곡차곡 쌓아가던 그리움의 실종은 어디서 되찾아야 할까? 며칠 전 묵은 서랍을 정리하다 보니 오래된 편지지 몇 권이 표지도 뜯기지 않은 채 남아 있었다. 한때 일상으로 해오던 편지쓰기를 언제부터 그만둔 것인지는 잘 기억나지 않지만, 몇 권이나 되는 편지지가 남아 있는 것을 보면 그 땐 자주 편지를 썼던 것임은 분명하다. 아버님, 어머님을 비롯한 윗사람에게, 친구에게, 그리고 사랑하던 여인에게 전하고 싶었던 그 많은 그리움은 어디로 보내고 내 가슴속마저 저 묵은 편지지만큼 용도폐기가 되고 말았을까?

시외전화 한 번 하기조차 부담스럽던 시절이었다. 전화로는 다할 수 없어 밤새워 편지를 쓰기도 했는데, 요즘은 가슴에 담아둘 사이도 없이 실시간으로 통화를 하고, 문자로 메시지를 주고받고, 전자메일로 장문의 사연을 남기기도 하다 보니 절실한 그리움의 퇴적물이 남아 있을 가슴속 여백도 없어졌다. 마주 앉아 있어도 그립다는 말을 하는 별난 사랑도 없지는 않겠지만, 대체로 그리움은 거리와 시간의 간극 속에 기생하는 음지식물 같아서 투명한 시공 속에서는 머물 줄을 모른다.

"너희 가난한 자는 복이 있나니 하나님의 나라가 너희 것임이요, 지금 주린 자는 복이 있나니 너희가 배부름을 얻을 것임이요, 지금 우는 자는 복이 있나니 너희가 웃을 것임이요"(누가복음 6장 21~22절) 예수가 한 이 말씀의 적실성은, 부족했던 것이 채워지는 충만의 맛을 맛본 자는 누구라도 부인하지 못할 것이다. 채움의 맛을 모르는 풍요의 시대를 사는 사람일수록 더욱 허기지는 것은, 맛은 모르면서 눈의 소욕만 좇기 때문이다. 빈 곳을 채우는 일에는 그 일이 어려우면 어려울수록 강도가 높아가는 맛의 역설이 춤을 춘다. 풍요의 상 앞에 앉은 우리는, 그 상차림의 과정이 주는 참맛을, 그 즐거움을 잃었다.

나이가 들수록, 생각날 때마다 행복해지는 어린 날의 삽화가 여럿 있다. 동네 뒷산 중턱에 소 먹이러 간 친구들과 어울려 병정놀이도 하고 콩서리 밀서리에 시간가는 줄 모르고 놀다가 소보다 늦게 귀가하던 일들이며, 하굣길

논두렁에 불질러놓고 놀다 산불로 번져 온 동네를 놀라게 한 일까지, 반듯한 틀 안에서의 삶보다는 조금 벗어난 일탈의 시간들이 더 행복했던 기억이다.

어쩌면 우리시대의 이 풍요와 첨단의 인공지능이 가져온 편리함이나 속도감보다는 불편하고 느렸던 그때가 더 인간다운 삶이었지 않았을까 하는 아쉬운 마음이다. 그때는 그 불편하고 느린 점 때문에 사람의 도움을 더 많이 필요했고, 그래서 사람과 어울려 사람의 온기로 살 수 있었기 때문일 게다. 초가집 지붕을 뒤져 참새를 잡던 그 겨울 녘 마을 청소년들의 별난 유희나, 어머니의 삼베 짜던 베틀 소리, 어머니와 할머니가 마주 앉아 화음을 이루시던 다듬이 장단, 마을 고샅길의 돌담, 정월의 연날리기와 달집태우기 들이 우리 세대가 가지고 있는 마지막 서정의 기억이 될 것 같다.

그렇다고 지금의 속도감을 맛보고, 편익에 길들여진 우리가 다시 옛날로 돌아가는 데 동의할 사람은 아무도 없을 것이다. 요즘 텔레비전에서 자주 보게 되는 '자연인'인가 하는 프로그램에서 보여주는 산속에서의 홀로 사는 삶이 보는 사람을 매혹할 만큼 사람들의 입에 오르내리고 있지만, 기획된 작위의 냄새가 너무 짙고, 수도자인양 으스대는 모습이 '부자연인'처럼 보여 채널을 돌리지만, 그들보다 더 어려운 환경일망정 정말 문명의 냄새 하나 없는 삶을 살아보고 싶다는 생각을 가끔씩 해왔다. 감히 실행할 용기도 없고 막상 그러한 삶을 강요하는 환경이 된다면 차라리 죽는 게 나을 거라고 극렬한 저항도 마다않겠지만, 지금의 내 마음 한 자락이 그곳을 향하고 있음은 부인할 수 없다.

지구라는 한정된 삶터에서, 그 자원의 제약을 염두에 두지 않은 대량소비가 과연 언제까지 지속할 것인지, 인간이 뿜어내는 공해로 인한 파멸에 이르는 역치閾値가 어느 지점까지일지 모르지만, 지금쯤 우리는 경건한 마음으로 우리의 위치를 점검하고 되돌아보아야 할 때가 아닐까? 마야문명의 종말이 과도한 개발에 따른 극심한 가뭄이라는 설이 있듯, 그 전조가 될 수도 있는 지구 온난화가 인간의 욕망 때문이라면, 지금 당장, 길게 잘 살기 위해서 짧게 '못 사는 훈련'이라도 좀 해보아야 하지 않을까? 다시 돌아갈 수 없는 그곳으로 되돌아가는 연습을.

버킷리스트 1

짐승으로 한 철 살아보고 싶다.
육지에서 가장 멀리 떨어진 무인도
계절은 겨울이 좋을 듯
눈비 가릴 움막 하나 엮고
목숨줄 놓지 않을 만큼의 양식 조금, 옷가지 몇 점

불 지필 도구 한 개쯤은 있어야겠지만
그 밖의 사람이 만든 모든 것은 버려야겠지
날줄씨줄 관심과 연대로 얽히고설킨
타인과 공유한 줄들을 끊으면, 오롯이
내 것인 삶도 살아지지 않을까. 그때가 되면
해와 달밖에 아무 조명기구 없더라도
다시 인간의 작위로 자연을 가공하진 않을 작정이다.
시간이 멈춘 영원의 영토
배고프면 먹고
잠 오면 자고
외로우면 외로워하면서
슬픔이 찾아오면 슬픔과 놀고
우울이 찾아오면 우울과 어울리며
익숙했던 이 땅의 질서가 틀 잡아준 삶의 흔적
하나님도 씻어줄 수 없는
내 참괴慙愧를 지워버리고 싶다.
달 밝은 밤 늑대처럼 하늘 우러러
짐승의 목소리로 한 번쯤 포효咆哮하고 싶다.

손에 관한 몽상

중국의 신화이자 지리서로서, 사마천이 "감히 말할 수 없다不敢言之也"고 했던 기서奇書 『산해경山海經』에는 얼굴이 셋인 사람[三面人]이나, 천제와 신의 지위를 다투다 머리가 잘려나가 두 젖으로 눈을 삼고 배꼽으로 입을 삼아 방패와 도끼를 들고 춤추는 사람[形天], 손바닥이 땅에 닿을 만큼 긴 팔을 가진 장비국長臂國 사람의 이야기 들이 실려 있다. 너무 많이 알아버린 탓에 상상력을 잃은 현대인으로서는 생각조차 할 수 없는 황당한 이야기지만 저자의 이름도 남아 있지 않은 그 옛사람의 상상력을 따라 잠시 고금을 종단하며 유영하는 일도 나쁘지 않은 것 같다.

만약 태어나기 전에 우리에게 자신의 형상에 대한 선

택권이 주어졌다면 처음부터 지금 나의 이 모습에 만족하고 동의하였을까? 아니면 사후에 우리 몸의 각 부위를 자동차 부속품 갈아 끼우듯 바꿀 수 있고, 일반 상품처럼 유통이 가능한 매장이 있다면, 태어날 때의 그 모습으로 살다 죽는 사람이 몇이나 있을까? 아무런 예비지식 없이 세상에 나와야 하는 태아의 선택권 행사야 어려울지 몰라도, 후자의 상품판매장은 코로나19로 귀하여진 마스크 대란을 연상할 만큼 붐빌 것 같고, 폭리를 노리는 누군가의 매점매석이 없더라도 그 상품진열장은 늘 비어 있을 듯한 예감이다.

그때도 당국에서 상품의 원활한 수급을 위하여 생년의 홀수짝수에 따라 격년제로 한 사람에게 한 해에 두 개 부위만 교환이 가능하도록 강제한다면 사람들이 가장 많이 찾는 품목은 무엇일까? 협심증치료제로 개발하던 실데나필 시트르산염Sildenafil Citrate의 변신으로 미루어 남성의 욕망들이 달려갈 진열대가 어딘지는 쉽게 짐작이 가지만, 그러한 일탈의 해학諧謔이 아니라면 아마도 외모를 장식하는 코너의 상품 선호도가 가장 높지 않을까 여겨진다. 나라면 어떨까? 상황에 따라 달라질 수 있겠지만, 가장 자주 교환하는 부위는 손이 될 듯하다.

나는 신장에 비해 손발이 작은 편이다. 원래 나를 설계하신 분은 아마도 지금보다는 작은 키를 예상하시고 손발의 균형을 잡은 것 같은데, 욕심 많게 일곱 살까지 젖을 먹는 통에 그 구도가 깨어져버린 것 같다.

"사내놈 손이 그렇게 작아서야 무슨 큰일을 해낼 수 있겠어?" 양반은 욕도 할 줄 알아야 한다고 욕설까지 가르치며 유년의 내 친구가 되어주시던 우리 동네 괴짜 할아버지의 말씀 때문인지, 내게는 손에 대한 열등의식이 남아 있다. 사람들과 악수를 할 때도, 큰 손을 만나면 마치 대등한 관계가 아니라 일방적으로 상대방의 손아귀에 잡히는 듯한 강박감에 처음부터 주눅이 들기도 한다. 그럴 때일수록 상대방은 악력을 더하기 일쑤이고, 그러한 열패감은 그와의 관계 속에서는 오랫동안 유쾌하지 않은 감각으로 뇌리에 저장되어 만날 때마다 불필요한 긴장을 불러오기도 한다.

한때 나는 큰 손을 부러워하곤 했다. 또래끼리 어울릴 때는 아무래도 주먹 큰놈이 우월적 지위를 누리는 법인데, 나도 한 번 큰 손의 위력을 보여주고 싶었기 때문이다. 내 유년의 기억 속에는, 뚜렷이 남아 있는 싸우는 장면의 그림이 없다. 그건 내 작은 주먹이 언제나 그러한 상황에서 뒷걸음질을 하게 종용한 결과이지, 내가 착해서이거나 너그러워서가 아님은 물론이다.

손에 관한 인류의 발생학적 우월성이나 하등동물—이러한 표현이 인간중심주의의 독단이라는 사실을 떠나서—과의 차별성에 관한 논의는 이미 식상한 이야기가 되고 말았지만, 그만큼 우리 일상어 속에 널리 퍼져 있는 손과 관련한 상징과 은유나 환유들은 넘쳐나고, 그 다층적 의미망도 한없이 넓다.

큰손은 이미 우리 신체의 일부분이라는 한정적 의미를 벗어나 부나 권력의 함의가 짙고, 손이 작으면 '손쓰는 일'이 서툴러 그 삶이 신산하며, '손을 본다'는 말은 매만지고 보살핀다는 뜻보다는 앙갚음의 뜻이 진하고, 장비국 사람의 긴 팔에다, 농게의 집게다리같이 몸에 비해 비정상으로 커져버린 손을 가진 자들만이 독점하고 있는 공간에서, 이즈음 같은 경제적 불황으로 '손이 비어' 앞으로의 삶을 걱정하는 사람이 많듯, 손에 관련한 말들에는 그 뜻하는 바가 무척 '손이 걸다'.

내 주변사람들에게 손 한 번 크게 써보고 싶은, 때때로 찾아드는 객기와는 달리, 때로는 내 작은 손조차 너무 커 보이는 일도 많아서, 좁은 틈에서 잃어버렸던 물건들을 꺼내거나 작은 자판을 두드릴 때는 좀 더 작은 손과 가는 손가락을 희망하는 종잡을 수 없는 내 마음이 혼란스럽다.

사실 이 땅의 삶을 곤혹스럽게 하는 쪽은 큰손이다. 절대 권력의 위세가 등등하던 시절, 그 권력의 측근에 있던 어떤 여인이 당시로서는 천문학적 숫자의 거액을 사취한 일로 큰손의 위력을 과시한 이후, 끊임없이 우리 주변에서는 큰손의 탐욕에 제물이 된 작은 손들의 서글픈 사연들이 눈물과 한숨으로 서민들 삶의 저변을 질펀하게 적셔왔다. 연암 박지원이 허생의 이름을 빌려 부를 이루는 방법을 설파한 내용을 보면, 하나는 큰손의 독과점이고, 또 다른 하나는 도둑의 신분을 빌미로 한 노동력의 착취였다. 그 때나 지금이나 부의 축적이 걷는 길은 다르지 않은 것 같다.

대형마트가 생길 때마다 구멍가게들이 문을 닫고, 대형회사의 가맹점들이 수십 년 전통의 식당가를 잠식하고 있는 지금의 추세대로라면 우리들 작은 손들의 생존연한은 얼마나 남았을까? 큰손들은 무슨 소리냐고 반문하면서 자신들도 작은 손을 위해 할 만큼 애쓰고 있다고 강변하겠지만, 그래봤자 '손삽으로 밑 가리기'지 큰손으로 작은 손과 대등한 악수를 할 수는 없는 일이다.

물끄러미 내 손을 들여다보고 있는데, 마침 친구가 찾아왔다. 오랜만에 만나는 친구라 더욱 반가워서 덥석 손을 잡는데 크지도 작지도 않게 편안하게 잡힌다. 그의 손이 내 손에 전해오는 편안하고 따뜻한 이 행복감, 입 벌려서 웃을 만한 입도 없었고, 가늠할 눈도 없었던 태아일 적에도 선택권이 있어 내 멋대로 손을 골라보라는 말을 들었다면, 모르긴 해도 지금 이대로의 내 손을 선택했을 것 같은, 그리고 그게 참 다행이라는 생각이 든다. 새삼스레 손바닥 손등 번갈아가며 살펴보는 내 두 손이 참 대견하기도 하고 안쓰럽기도 하다. 손을 위로하는 일도 위로 받아야 할 손끼리 서로 쓰다듬어 주는 일밖에 달리 표현할 방법이 없다. 번갈아가며 오른손 왼손 쓰다듬는 짬에도, 손등 위 이리저리 두드러져가는 혈관 끝자락에 핀 검버섯 하나가 세월을 계산하느라 바쁘다.

손이야기

실밥 풀린 와이셔츠 단추를 옭매는 일로 애를 쓰다가 문득
내 손이 너무 크다는 생각
운전석 의자 틈새에 끼인 열쇠를 꺼내면서
얇은 손을 그려보기도 하고
스마트폰 자판을 누를 때마다
가는 손가락을 희망하기도 하지만,
한때는 농게 수놈의 집게다리 같은 큰손을 갖고 싶었지
효자동 1번지나 여의도동 1번지 앞길 또는
강남역 주변이나 석촌호수 언저리를 걸을 때마다
사내놈 손이 고작 요 모양이냐고
내 작은 손을 부끄러워하고
서울역 지하도나 탑골공원을 지날 때는
주머니 깊숙이 찔러 넣은 손 안에
호두알 굴리듯 절망만 만지작거렸지
어제는 낯선 사람과 악수를 하고

오늘은 십 년 만에 만나는 친구의 손을 잡는데
마주잡는 고만고만한 손들이 참 편안하고 따뜻하다
모태에서의 어느 순간
내게 선택의 자유가 과연 있었다 치자
손들의 진열장을 쭉 둘러보면서 고르고 골라
지금의 이 손 성큼 집어다 손목에 붙이고
몇 번쯤 쥠쥠
손가락을 폈다가 오므리다가, 실룩샐룩
생기지도 않은 입술로 미소 지었을
그런.

욕설

 살다보면 욕이 절로 나올 일도 많다. 속이 훤히 들여다보이는 거짓말이나, 저항할 수 없는 약자에게 가해지는 무자비한 폭력을 지켜볼 때, "여우같은 놈" "개 새끼" 같은,—여우나 개가 사람처럼 의사소통을 하고 산다면 저희들끼리의 동물계에서는 심한 욕설로 "사람 같은 놈"이라고들 하겠지만—자신도 모르게 반사적으로 튀어나오는 욕설을 자제하기란 웬만한 수양으로는 쉽지 않다. 욕만큼 욕먹는 언어현상도 없을 것이다. 욕설이 말의 악성 암종癌腫이자 광기狂氣라는 점을 모르는 사람은 없다. 그러나 누구도 잘라내지 못할 만큼 인류의 역사와 함께 해온 그 끈질긴 생명력은 어디서 오는 것일까? 욕의 기생을 가능케 하는 숙주가 너무 건강해서 오래도록 충분한 영양을 공급받을 수 있기 때문일 것이다. 인간의 오만과 독선, 탐욕과 거짓, 무지와 어리석음이 건강하면 건강할수록 그들에 기생하는 욕의 생명력도 왕성해질 수밖에 없는 것이다. 오죽하면 예수도 "독사의 자식들"이라 욕하고, "회칠한 무덤"이라 꾸짖었을까?

김삿갓이 해질녘, 금강산의 어느 큰절에 찾아가 하룻밤 숙식을 청하자, 그 절의 중은 그의 초라한 행색을 보고 사뭇 깔보는 태도로 으스댔다. "보아하니 풍월깨나 할 사람이면 재워주겠지만, 그런 주제는 아닌 것 같고, 저 헛간에서 요기나 하고 가시오. 나무관세음보살" 한다. 이에 장난기가 발동한 김삿갓이 그 중에게 소리쳤다. "운이나 대보시오" "언문풍월이겠지?" "아무려나, 좋을 대로" 몇 마디 주고받은 끝에 중이 운을 부른다. "타" "사면 기둥 붉읏타. 석양나그네 시장타. 네 절 인심 고약타." "까짓, 언문풍월이 대순가? 한시를 해야지" 중이 승복할 생각이 없어, 다시 어깃장을 놓는다. 마침내 김삿갓의 오기가 여지없이 발휘되는 순간이다.

僧首團團汗馬閬	중 대가리 둥글둥글 땀 밴 말 불알
儒頭尖尖坐狗腎	선비 대가리 뾰족뾰족 앉은 개좆
聲令銅鈴零銅鼎	구리방울 구리솥에 떨어지는 돼지 멱따는 목소리

目若黑椒落白粥　　눈깔은 흰죽에 떨어진 검은 산초 알 꼬락서니

그날 김삿갓은 욕값을 풍성하게 받았을 것 같다. 우리가 잘 아는, 서당 훈장을 놀린 그의 시 "서당내조지 방중개존물 생도제미십 선생내불알書堂乃早知 房中皆尊物 生徒諸未十 先生來不謁"을 비롯해, 사실상 걸인이던 김삿갓의 구걸행각에서 뱉은 욕시辱詩가 많이 전해오고 있어 뒷사람들의 씁쓸한 웃음을 자아내게 한다.

욕은 대체로 보편적인 사회 상규나 상식으로는 용납할 수 없는 일이나, 이성이나 이치로 보아 있을 법하지 않은 일이 일어날 때, 이게 무슨 상황이지 하고 잠시 멍한 상태에서 마침내 분노하고 폭발하는 가장 경제적인 감정 표현의 기제다. 가당치 않은 일, 사람의 탈을 쓰고 어찌 저런 짓을 저지를 수 있을까? 사람의 자식으로서는 예상되지 않는 패악질, 인륜의 질서가 발이 꼬이도록 억장 무너지는 무차별적인 폭력과 강탈, 여기 가서 예수쟁이다가 저기 가서는 착실한 불제자의 모습으로 변신하고, 어제는 진보의 투사노릇으로 국민의 마음을 도적질하다가 오늘은 보수의 선봉장으로 선거판을 휘저으며 민심을 구걸하고 다니는 일부 정치인들, 정치평론이니 하며 판 벌여놓고, 본인 동의도 받지 않고 먼 나라 학자들까지 불러와

제 편만 감싸느라 곡학아세를 일삼는 이른바 먹물의 잔챙이들 앞에서 가만히 있을 수 없는 게 욕의 생리다. "이게 뭐지?" 하다가 잠시 뜸을 들인 뒤, "염병할, 꼬락서니 하고는, 에라 화적 같은 놈들!" 모락모락 연기를 피우다가 화산으로 폭발하는 게 욕의 걸음새다.

"욕을 왜 하냐고? 몰라서 묻나? 속으로 참고 있을 때 알아 처먹었으면 제 밥 먹고 어느 잡놈이 입성 사납게 악다구니질을 하겠나?"

세상이 꼴값을 해대니, 욕도 입값을 하지 않을 수 없다. 그러고 보니 역시 욕은, 욕하는 주체보다 지위에서나 소유에서나 다소 우위에 있는 사람을 대상으로 할 때가 제격이다. 물론 그와는 정 반대의 경우로, 부리는 사람을 닦달하는 욕도 있을 수 있으나 이는 욕이라고 하기보다 오히려 폭력의 한 형태라 할 것이고, 욕은 어디까지나 저항의 의미를 가지고 있을 때 욕의 욕된 맛이 살아난다. 삼수갑산을 갈망정 꽥 소리라도 지르고 보자는 심사로 힘없는 자들 최후의 감정해소 방책이 욕이다.

모든 사물에 질서가 있듯 욕에도 지켜야 할 경계가 있다. 사람들이 붐비는 도심의 길을 걸어가는데, 뒤따라오는 중학생인 듯한 학생 서너 명이 나누는 대화를 듣자니, 욕에서 시작해서 욕으로 끝난다. 서로의 호칭에 욕 아닌 게 없다. 이런 욕까지 두둔해야 할 이유는 없다. 욕은 마땅히 억제되고 자제해야 할 일이지 권장하거나 미화

할 일이 아니라는 것만은 분명하다.

그러나 자연발생적으로 돌출하는 욕은 부정적인 감정의 발산이면서도 한편으로는 활화산처럼 솟아오르기만 하는 감정의 분출을 억제하고 해소하는 달램이고 삭임이기도 하다. 욕은 짧고 단호한, 나름대로 정제된 언어와 억양 속에, 그 욕을 유발하는 '엿 같은 세상'의 부조리한 제반 국면이 잘 정의되고 축약되어 있을 뿐만 아니라, 이미 다 같은 의미로 통용될 정도로 오랜 기간 승인되고 다듬어져온 결과물이다. "간에 붙었다 쓸개에 붙었다 할 놈" 한 마디로 욕 듣는 자의 인격이 모두 정리되어 있고, 듣는 사람들은 모두 비슷한 개념의 그림을 그린다. "쥐새끼 같은 놈"이라고 욕하는 말에 그 뜻하는 바가 무엇이냐고 물을 사람은 아무도 없다. 미주알고주알 하지도 않은 일을 가지고 따져드는 사람 앞에 일일이 자신의 감정을 정리해가며 해명할 수 없을 때, 이미 잘 정의된 욕 한마디로 매조지는 맛에 욕은 끊임없이 살아남는 게 아닐까?

이쯤에서 나도 욕먹을 게 번한 욕 이야기를 그만 매조져야겠다. 제기랄!

욕설

나는 가끔
의도되지 않고 분출하는 욕설 때문에

부끄러운 모습 노출하기도 하는데,
더러는 내 수양되지 않은 인격을 탓하기도 하고
더러는 직설적인 내 성격에 두남두기도 한다.
생각의 크기만큼
언어의 그릇으로 포장할 수 없는,
날실 틈으로 씨실 푸는 북처럼
삼단같이 뒤엉킨 말들의 날실씨실
풀어 엮을 여유 없을 때
총 맞은 사자의 포효咆哮처럼
임계상황을 넘어 선 마그마의 일탈처럼
나도 몰래 토해내는 일갈.

지극히 내밀한
태초의 그 사과 맛 같은
절제되지 않는 원초의 아포리즘.

시가 무어라고

　70년 가까이 시와 함께 살아왔음에도 나는 아직 시를 잘 모른다. 시를 모르면서 20년이나 시인노릇을 해온 일이나, 시를 쓰고 시집을 묶어온 일들이 모두다 시의 그 모호한 정체성 때문인지, 내 용감한 무지의 발로인지는 쉽게 정리되지 않는다. 그래도 시를 쓴다. 이제는 하기 싫은 일, 귀찮은 일은 하지 않아도 누구 하나 탓할 사람 없을 만큼 늙어버린 나이에, 돈이 생기거나, 그렇다고 중뿔나게 존경받을 일이 아닌 줄 알면서도 한 마디 시어를 찾아 밤샘을 하기도 하고, 텅 빈 컴퓨터 화면 앞에 몇 시간씩 망연히 앉아있는, 이 언어도단의 정체는 무엇일까? 초등학교 때부터 선생님한테 등 떠밀려 백일장에 참여하거나 과제물로 낸 글들이 칭찬받으면서 친해진 이후, 지금까지 내 곁을 떠나지 않는 지극한 그 우정으로 해명이 될지 모르겠다. 아니면 미혹이거나 집착일지도.

생각해보면, 학교수업의 정규 국어교과과정에서 시험지 정답 맞추기식의 시에 대한 강의를 들은 이외 특별히 시에 관한 이론이나 시 창작 강의를 들은 일이 없다. 시를 쓰는 일이, 새로 나온 첨단 전자제품의 매뉴얼 익히듯 규칙이나 절차를 숙지한 다음에 할 수 있는 일이었다면, 나는 아예 시를 쓰지 못했을 것이다. 시가 좋아서 시를 읽고, 읽다가 보니 흉내를 내게 되고, 흉내를 내다보니 내 목소리도 끼워 넣고 싶어 남들 추는 춤사위 한 자락에 장단 맞춰 흥얼거리다 보니, 듣는 사람들이 더러 박수를 쳐주기도 하는 바람에 결국 오늘에까지 왔다고 하면 내 작시作詩의 행로가 짐작될 것이다.

시인이라는 소리를 듣는 그 의무감 때문에, 때 늦게라도 시에 관한 이런저런 책들을 뒤적거려 보고, 기회 닿는 대로 이곳저곳 각종 모임에서 행하는 시에 관한 특강을 들어도 보지만, 시란 무엇인가? 좋은 시는 어떤 시를 말하는가? 하는 근본 질문에 '이것이다' 하고 하나로 아우를 만한 명쾌한 답을 들을 수 없기는 매한가지였다. 시가 객관적 지식의 산물이 아니라 주관적 감정의 산물이라는 점에서 이미 예상한 일이지만, 눈에 보이는 기준점이나 경계표지가 없다는 현실이 홀로일 수밖에 없는 이 길의 여정을 더욱 불안하게 하는 것은 사실이다. 그래서 그때그때의 주류적 담론을 기웃거리고, 유행하는 형식을 따르다가 연燕나라 수릉壽陵의 젊은이처럼 조趙나라 한단邯鄲의 걸음걸이도 배우지 못하고, 제 본래의 걷는 법마저 잊어버린 사람을 내 주위에서도 가끔 보게 된다. 물론 자신은 기어서 다니는 제 주제조차 모르기 십상이지만.

아무래도 나는 우리 옛 선인들의 시에 대한 가르침이, 오늘날의 목소리 높은 이론들보다 믿음이 간다. "시의 원리는 상세하고 완곡한 데에 있는 것이 아니라, 말은 끊어져도 뜻은 이어지고, 가리킴은 가까우나 그 지취는 멀며, 공리에 사로잡히지 않고, 말의 통발에 떨어지지 않는 데 있다. 이로써 가장 상승의 경지에 이르는 것이다. [詩之理 不在於 詳盡婉曲 在於 辭絶意續 指近趣遠 不涉理路 不落言筌 爲最上]"라고 하던 허균의 시론이나, "시에는 두 가지 어려움이 있다. 시어를 조탁하고 구절을 단련하는 것을 정치하고 능숙하게 하는 것이나, 사물의 실체를 캐어내고 정감을 그려내는 미묘함이 어려운 것이 아니라, 오직 자연스러운 것이 첫 번째 어려움이고, 해맑으면서 여운이 있는 것이 두 번째 어려움이다.' [詩有二難 非琢字鍊句之精熟之難 非體物寫情之微妙之難 唯自然一難也 瀏然其有餘韻二難也.]"라고 가르친 다산의 말씀에 더욱 귀가 솔깃해지는 것은 어쩔 수 없는 핏줄의 생래적인 편향일지 모르겠다.

희미해져가는 시력만큼 젊은 시인들의 시에 대한 독해력도 가물가물해서, 열 번을 되풀이해 읽고 또 읽어도 무슨 소리를 하는지 몰라 집어던지는 사태에 이르면, 이젠 절필이라도 해야 할 때가 왔구나 하는 생각을 한다. 한편으로는, 상상력인지 몽상인지의 그 비결정적 자유도, 인류 전체가 그것에 부여한 질서를 벗어나지 않는 상상력의 보편성에 기속되어야 할 저들의 탓이지 내 탓은 아니라는 생각으로 다시 그들의 시편을 뒤적이곤 하는 요즘의 일상이다. 언어의 궁극적인 지향점이 소통에 있고, 시가 언어를 매개로 하는 예술인만큼 소통이 불가능한 언어의 뭉치들을 시라고 강변할 수는 없지 않을까 하는 소박한 믿음에서다. 박이문도 일찍이 같은 취지의 말을 한 적이 있다.

"한 기벽성이 시적인 것으로 되려면 그것이 새로운 기벽성, 즉 새로운 감각일 뿐만 아니라 그러한 개별성·특수성이 동시에 모든 사람들에게 어느 정도 처음이긴 하지만 납득이 될 수 있게 하는 요소, 즉 보편성을 지녀야 한다."

19세기 이후 약 200년에 걸쳐, 자연과학의 급속한 발전에 발맞추어 인문학 또한 다기화하고 정치해졌다. 그러한 철학이나 윤리학 등으로 환원할 수 없는 시조차 그들 학문의 질주를 추수追隨하는 글쓰기가 유행처럼 번지고 있다. 시를 강의하는 현장에서 시보다는 정신분석이니 해

체주의니 하는 오늘날의 사상의 조류가 주된 대상으로 넘실댄다.

시가 앞서 가고 저들이 뒤따라오던 발걸음이 뒤바뀐 이 문학의 현실이 서글프게 다가옴은 과민성박탈강박증 때문일까? 시가 시의 본향으로 돌아올 때다. 내 옆에 있는 사람과 웃고 울며 노래하고 춤출 일이다. 소박하게 못난 이웃과 어깨동무하고 속삭이는 위로의 말이요, 격려의 추임새가 되어야 한다. 삼겹살 하나 놓고 둘러앉아 나누는 막걸릿잔에 담겨 목줄을 타고 넘는 걸쭉한 육담이고 뼈 삭인 울분이어야 한다. 잘난 놈은 잘난 대로, 못난 놈은 못난 대로 제 분수만큼 즐기며 살 수 있는 품 넓은 아버지의 집이 시가 머물 살림집이다. 너무 유별 떨지 말자, 시가 뭐라고.

시 특강

철[季節]의 배움인 철학이
철따라 옷치장 달라지듯
詩도 時의 示이고 視라서
늙은 시인들이
젊은 시인이 전해주는
현대시의 경향과 詩作 강의를 듣는다.
죽어서 환갑이 되어가는

칼 구스타프 융이 불려나오고
이름만 대도 알 만한 젊은 시인들의 지적 유희가
노안의 흐릿한 시각에도
광물성 충격으로 반짝반짝 튕겨 오르는데
귓속을 어지럽히는 이명증, 아무래도
특강 끝난 회식자리 삼겹살 육즙의 미각이
주고받는 잡담들의 여운과 함께
더 오래 나를 붙잡고 있을 것 같다
詩는 배워서 쓰는 기술이 아니라
詩人이라서 詩밖에 쓸 줄 모르는 사람의
편식하는 입맛 같은 거라서.

불쏘시개

　해마다 봄철이면 무슨 행사라도 치르듯 동해안에 대형 산불이 일어난다. 올해는 그냥 넘어가나 했더니 엊그제 고성지역 산불로 온 나라의 소방헬기가 동원되어 간신히 진화했다. 계절이 바뀌면서 한반도 남쪽에 따듯한 저기압이 형성되고 북쪽에는 차가운 고기압이 형성되면서 서풍이 동쪽으로 부는데, 이 바람이 태백산맥을 넘으면서 푄현상Föhn現象을 일으키고 양양과 간성 사이의 골짜기 지역을 지나며 지형적 영향으로 속도가 빨라지는 탓에 불길이 급속히 번지는 바람에 대형 산불이 자주 발생한다는 전문가의 설명이다. 더욱이 예전에는 땔감으로 쓰이던 낙엽마저 채취하는 사람이 없어진 지금은 산성비의 영향으로 잘 썩지도 않아서, 산마다 겹겹의 층을 이루고 있는 낙엽이 불쏘시개 역할을 함으로써 더욱 진화에 어려움이 많다고 한다.

장작이나 숯불을 피울 때, 불을 쉽게 옮겨 붙이기 위하여 먼저 태우는 것들을 불쏘시개라고 하는데, 신문지를 비롯한 종이나, 삭정이, 검불, 낙엽, 관솔 들이 자주 쓰인다. 속칭 번개탄이라 불리는 착화탄은, 우리의 주 연료가 연탄이었을 때, 연탄에 불을 붙일 목적으로, 바싹 마른 톱밥과 숯가루를 밀가루나 전분 등으로 만든 풀을 섞어 연탄구멍의 규격에 맞추어 찍어낸 일종의 불쏘시개인데, 때로는 야외에 나가 조리를 할 때 간편한 주 연료가 되기도 하면서 가끔 일산화탄소 중독증으로 사람들의 생명을 해하는 유인誘因이 되기도 한다.

내가 어릴 적만 해도 우리의 주 연료는 장작을 비롯한 나뭇가지, 낙엽이나 검불 따위여서, 시골 오일장에 나가면 장작이나 솔가리를 팔러 나온 사람들을 쉽게 볼 수 있었다. 마을 인근 야산은 마을사람들의 화목채취 등쌀에 민둥산이 되었고, 갑자기 화목이 떨어졌을 때는 생솔가지를 베어다 땔감으로 쓰기도 했다. 소나무는 송진이나 기름이 많아서 불쏘시개로 불만 붙이면 잘 타는 성질이어서, 연기가 좀 심하기는 했어도 가난한 살림의 임시변통으로서의 연료 노릇에는 손색이 없었다. 동해안 대형 산불의 확산에도 이러한 소나무의 특성이 한몫 단단히 했다는 말을 들었던 것 같다.

아무튼 불쏘시개는 직접 발화가 되지 않는 고체연료에 불을 붙이기 위한 매개물로서, 그 임무는 주된 연료가 발화할 때까지 자신을 태우는 일이다. 이러한 불쏘시개의 특징에 따라, 사람들이 어떤 일을 하려고 할 때, 그와는 별로 관계가 없는 것처럼 보이는 작은 일을 시작함으로써 목적하는 일에 접근할 수 있는 동력을 얻을 경우, 그 동인이 되는 먼저의 일을 일컬어 '불쏘시개'라 부르기도 한다.

우리 주변에는 그런 불쏘시개의 경력을 자랑스러워해도 좋을 많은 사람들이 있다. 국회의원 보좌관으로 수십 년, 정치를 익힌 다음 스스로 국회의원이 되는 사람들처럼, 목적지를 정해두고, 그 목적지를 향하는 갈림길을 어디로 잡든 그건 그 사람의 자유다. 교수나 언론인, 판사나 검사, 공직자들이 정치를 하면 안 될 이유는 없다. 이 지점에서 우리는 무엇인가 혼란스러운 감정의 동요를 느끼게 된다. 괜찮을 것 같으면서도 괜찮지 않은 불편한 감정, 이 정체는 대체 무엇일까?

그 불편함은, 앞에서 들먹인 사람들이 맡았던 자리의 특성 때문이다. 그 자리는 주된 연료로서 불태울 자리지 불쏘시개 노릇이나 할 자리가 아니기 때문이다. 완전연소가 되기까지 그 자리에서 할 일을 다한 뒤에, 다시 정치판의 연료에 새 불을 붙이기 위한 일이면 몰라도, 그 전의 불씨를 가져가서 새 연료를 태우는 일은, 일반의 정서가 용인하기 어려운 점 때문이다.

    조선조의 사대부 반열에 끼어드는 것보다는 쉬울지는 몰라도, 요즘의 정당 공천이라는 장벽을 넘는 일은, 이미 독점적 배타적 이익단체로 동맥경화증이 중증에 이른 정당정치 주류들의 자의를 넘어설 만한 기제가 없이는 어려울 터, 과연 이전의 자리에서 불을 가져오지 않고, 그 발화점 높은 연료에 불을 붙일 수 있겠는가 하는 상식적인 의문이 고개를 든다. 전자의 불로 후자의 연료에 불을 붙인다는 것은, 전자의 자리에서 후자의 눈치를 살펴 처신을 했다는 뜻이고, 그만큼 국민의 눈치는 살피지 않았다는 의미로 해석할 수 있다는 점에서 비난의 여지를 남긴다. 물론 소신이라는 장벽 너머로 숨을 수도 있다. 그러나 그 소신 또한 관종적關種的 자기애의 발로가 아니라고 할 수 있을까?

    현역 정치인 중에는 몇몇 시인도 있고 다른 예술인도 더러 있는 줄 알고 있다. 그들이 있어서 문화예술에 관한 정책이 보다 나아지고 그 중요성에 대한 인식도 제고되고 있음은 참 다행한 일이다. 예술의 현장에서 예술인으로 경험한 인식적 의무를 실행하기 위하여 또 다른 현장을 찾아가는 일은 마땅히 장려되고 상찬을 받아야 한다. 다만 시보다는 시인이라는 이름을 좋아하는 시인이 우리 주변에 적지 않다는 데 문제가 있음을 말하고 있는 것이다. 전업시인으로 살 수 없는 문학 환경에서 시만 쓰라는 말은 아니다. 적어도 "세계를 절망 속에 숨어 있는 열림 앞에 바칠 수 있는 유일한 존재"가 시어詩語라고 한 알랭 바디유의 말을 믿는다면, 시인은 이 세상의 사제가 되어야 하고, 사제로서의 책무를 소홀히 하지 않아야 한다는 점에서 그 진지함을 반추해보자는 말이다.

시가 아닌 '시인'이 불쏘시개가 되는 현실을 보니, 아직은 시인이라는 치장도 볼 만한 껍데기인 것 같다. 그런데 나는 20년이 지난 지금도 명함에 시인이라는 치장을 할 용기가 없어 빈 명함만 돌린다. "시인은 많은데 시인은 없다" 공공연히 비아냥거리는 말 속의 전자와 후자의 시인이 같은 시인이 아니라면, 나도 명함 속의 그 빈자리처럼 시인이 아니라서 다행인 셈이다. 시만 난해한 것이 아니라, 시인 또한 참 난해한 게 이즈음 문단의 현실이다.

불쏘시개

옆집에서 가져온 햇땅콩을 삶았다.
가장 굵고 빛깔도 고운
먹음직한 꼬투리 한 알
눈길 끄는 대로 덥석 집어
껍질을 까다보니 속이 텅 비었다. 순간

미워할 수도 예뻐할 수도 없는 고향 후배가
내 의식의 밑바닥에서 헤헤거리며 다가온다.
학벌 세탁하러 외국에 다녀오고
양심이 말을 듣지 않아 병역은 거부한 채
회원도 없는 무슨 시민단체 만들어
평생 남의 뒷덜미만 잡아오다, 정권 바뀔 때마다
이 줄 저 줄 잘도 옮겨 다니더니, 어느 날
중앙의 무슨 위원회 위원으로 이름 올린 다음
고향에서 기초 의회 의장까지 지내면서, 결국
그렇게 비난하던 사람들 늘 하던 대로 따라하다
큰집 들락거리는
흔히 보는 우리 주변의 익숙한 풍경 한 장

그도 젊은 한때 문학 동아리를 주도하며
시를 썼다,
시보단 시인이라는 이름을 사랑하는, 지금은
시를 쓰지 않는 시인
불쏘시개로 쓰다 만 시, 참
난해하다.

명절 철폐선언

　내가 사는 원주에서 형님이 계신 김해시 대동의 본가까지 가는 데 소요되는 시간은 4시간 정도면 충분하다. 원주에서 서대구, 동대구를 거쳐 대동까지 중앙고속도로, 경부고속도로, 부산대구고속도로가 이어져 있어 지금은 하루 만에 다녀올 수 있는 거리다. 그 길이 무척 멀게 느껴지던 때가 있었다. 내가 원주에 정착한 뒤 본가로 가는 길은 중앙선 열차로 부산까지 가거나, 서울을 경유하여 기차나 고속버스를 이용하는 편이었는데, 어느 길로 가든 본가에 도착할 때까지는 10시간가량이 소요되었다. 나중에 승용차를 이용하면서는 충주, 상주, 칠곡을 지나는 일반국도로 대구까지 간 뒤, 북대구에서 대구의 내부순환도로를 타고 구마고속도로에 진입, 남해고속도로를 통해 접근하는 길을 택했는데 그 때도 예닐곱 시간은 족히 걸렸다. 중앙고속도로가 개통된 1995년 이후는 조금 나아진 편이었지만, 설이나 추석의 귀성 길은 평소보다 두세 시간을 더하여야 할 만큼 정체가 심했다. 어느 설날 귀갓길이었다. 아침 일찍 본가를 출발하여 경부고속도로와 중부고속도로를 통해 돌아오는 길이었는데, 휴게소에서 연료를 보충하기 위해 무심코 주유소 쪽으로 들어갔다가 옴짝달싹 못하고 몇 시간 갇히기도 하면서 이튿날 새벽녘에야 집에 도착한 일도 있었다.

민족대이동이라고 불릴 만큼 명절이면 모두들 모여드는 고향, 그 실체는 무엇일까? 부모와 자식, 형제 사이의 효와 우애를 확인하고 핏줄의 건재를 과시하는 의례적 공간을 넘어, 고향이 갖고 있는 자력磁力의 원천은 무엇일까? 우리의 내면에 잠재하고 있는, 혈거의 시대에 살던 그 동굴, 상실한 동물성의 낙원에 대한 향수는 아닐까? 요즘 도로사정을 알리는 방송에 따르면 명절 전날 갔다가 당일에 돌아오는 형태의 귀성이 대세를 이루는 것 같다. 선물꾸러미 들고 가서 넙죽 절 한 번 하고 오는 게 모두인데, 그렇게 기를 쓰고 그 날을 지켜야 할 곡절 또한 한 마디로 해석이 잘 되지 않는다.

돌아보면 우리 명절은 씨족공동체의 행사였다. 산업

화 이전, 특별한 사유가 없으면 부조父祖의 땅을 떠나지 않는 것을 효도나 집안의 명예로 인식하던 조선조의 기층질서基層秩序 속에서 마을은 그 구성원의 공동운명의 공간이었다. 따라서 명절이나 어느 한 집의 길흉사는 그 마을 전체의 일로 인식되었다. 내가 어릴 적만 해도 어느 집에 잔치가 있으면 마을사람 전체가 모여 먹고 마시며 기쁨을 함께 했고, 아무리 초라한 생일상이라도 동네어른들과 함께 나누는 게 상례였다.

설날은 한해가 시작되는 날이다. 섣달 그믐날에는 묵은세배를 드리며 지난 한해의 잘잘못을 웃어른께 낱낱이 아뢰고 새로운 마음가짐으로 뜬눈으로 지새운 뒤 설날을 맞는다. 한해의 평안과 복락을 빌고, 어른을 섬기며 아랫사람을 사랑하는 결의를 다지는 상징적 행위가 차례와 세배다. 여기서 한 걸음 나아가 마을 전체가 공동의 제의로 당굿을 지내고 지신을 밟으며 마을의 친목과 단결을 다짐하기도 했다. 내 기억으로는, 내가 어렸던 그때만 해도 설날이 쉬는 날이 아니어서, 학교에서 돌아오는 길로 몇몇 친구들과 함께 온 마을의 어른들을 찾아다니며 세배를 드리곤 했다. 집집마다 세배객들을 맞는 상차림에 분주했고, 어른들의 덕담 사이로 친구들끼리 맛있는 떡이나 과자류의 쟁탈전을 벌이기도 했다.

추석은 햇곡식과 햇과일로 조상께 천신薦新을 드리며 한해의 풍요에 감사하고, 수고한 모두와 함께 즐기는 축제다. 오월의 단오, 유월의 유두, 칠월의 칠석, 구월의 중양절, 그리고 동지까지, 지금은 대체로 일부의 필요에 따라 그들만의 축제나 의식으로 지내는 날들로 축소되어 일반에게는 잊어지고 있지만, 그리 멀지않은 과거만 해도 그게 우리 삶의 일부였고, 마을사람 전체가 공동체의식을 되새기는 매듭 매듭의 표상이었다.

해석하기에 따라서는 현대사회의 다양성과 파편화로 인해 타자와 차단되어 있는 우리로 하여금 원시공동체로의 회귀를 바라는 무의식이 이토록 명절맞이 귀성의 행렬을 재촉하는 것이라고 할 수도 있을 것이다. 그러나 현실은 그렇지 않다. 고향에 간다고 하더라도 옛 친구들이나 낯익은 사람은 별로 없다. 설사 있다고 하더라도 여유 있게 그들과 함께 나눌 잔치자리를 펼칠 수 있는 여건은 아니다. 고향에 찾아가도 역시 예전의 그 무리 속의 하나가 아니라, 흩어져 있는 낱알들 가운데 하나에 지나지 않는다는 사실을 모르는 사람은 없다. 굳이 의미를 찾는다면 형제자매가 함께 모여 어버이에게 효도하는 일이라 할 수 있을 터인데, 지금은 가부장제의 해체가 화두로 부상한 세태라서, 그 일에서조차 한 데로 의견이 일치하지 않는 것 같다.

명절이 즐거운 날이 아니라 가족 사이의 갈등을 부추기는 날이 되는 일이 흔한 게 요즘의 실상이다. 그 뿐만 아니라 세계화로 넓어진 경제활동의 영역에서는 한 나라의 명절까지 보편적 행사로 허용하거나 유예해주지 않아, 명절에도 일을 하지 않으면 아니 되는 사람도 많다. 더구나 지금은 형제자매조차 한둘에 그쳐, 굳이 명절이 아니라도 뜻만 있으면 어렵지 않게 자리를 같이할 기회는 많다.

한 겨레의 미풍양속을 폐하거나 본래의 취지를 훼손해가면서까지 바꿀 필요는 없다. 그러나 그 일이 내 개인의 삶 속으로 들어올 때는 내 임의로 철폐나 변화를 꾀하는 일이 사회상규에 벗어나는 일은 아니다. 그래서 나는 우리 집에 한해서만, 명절이나 생일 같은 기념일을 모두 폐한다는 선언을 했다. 명절이든 기념일이든 날짜라는 시점이 중요한 것이 아니라 이를 기념하고 섬기는 마음자리가 종요롭다는 뜻에서 결단한 일방적인 선포다. 사정이 있으면 언제든지 여유로운 때를 택하여 모이면 될 일이지 꼭 그날 함께 하여야 할 일도 아니고, 준비한 음식을 다 먹을 수도 없으면서 수선을 떨고, 잘했느니 못했느니 뒷말하는 것보다는, 상시 준비된 식당을 찾아 먹고 싶은 대로 오순도순 먹고 마시며 정을 나누는 일이 더욱 소중하지 않을까하는 생각에서다.

차례만 해도 그렇다. 조상의 현현만큼 그분들을 기억하고, 자손으로서의 부끄러운 행태를 보여드리지 않겠다는 다짐의 의식이라면, 굳이 명절이 아니라도 혼자나 함께 모여 예배를 드리는 일로 얼마든지 대체할 수 있는 일이다. 형식의 그물에 걸려 허둥대기보다 차라리 명료한 정신으로 조상을 기억하고 그분들의 뜻을 받드는 일이 진정한 차례라는 생각이다. 효도는 숙제가 아니라 자진해서 우러나온 섬기는 마음이 지향하는 태도이다.

내 선언에도 불구하고 애들은 명절을 찾고, 내 생일을 챙긴다. 그러나 좀 더 자유로워진 분위기임은 느껴진다. 내 종교적 신념에 따라 차례상을 특별히 마련하는 일 없이 평소의 식사 형태로 둘러앉아 예배를 드리는 형식이다 보니 번거롭게 음식장만을 하는 일도 없다. 요즘은 설날에도 영업을 하는 음식점이 더러 있어 갑자기 다수의 사람들이 찾아오면 아예 음식점으로 향한다. 보는 사람에 따라서는 비난하는 사람도, 괜찮은 일이라는 듯 고개를 끄덕이는 사람도, 자신의 취향에 따라 오른쪽 왼쪽 자연스럽게 갈라설 것이다. 애초에 남의 눈을 의식한 일이 아니라서 나는 나의 이 위반의 자유가 참 즐겁다. 그러고 보니 한 해의 모든 날들이 명절이고 기념일이 된 기분이다.

명절철폐선언

둥지에 구렁이 든 때까치 짖어대듯
자지러지는 경적 소리
주춤주춤 늑장부리는 집 앞 영동고속도로
임시공휴일까지 지정해가면서 길어진

추석 연휴 귀성길
해마다 보아오던 익숙한 풍경이다.

아파트나 복권, 경품 추첨, 이런저런 문학상 응모까지
밀고 재끼는 몸놀림에 길들지 못해
아예 외면해오던, 일상의 권태가 도져
명절이나 각종 기념일들
집안행사를 철폐키로 했다.

국외출장으로 행사 참석이 어려운
외국계 회사에 다니는 며느리
형식과 과장된 몸짓을 나만큼 싫어하는 아들들, 무엇보다
자식들 앞에 새삼 긴장해야 할 일이 귀찮은 나까지
모두에게 면죄부를 주기로 한 것인데,

이웃이나 친지들은
고속도로 안내방송까지 하는 대통령을 보라며
이 자유의 선언을 이단시異端視한다.
이판에, 차라리
예수가 스스로 하나님이라 선언하듯
또 하나의 선교 행각이나 나서 볼 일이다.

어떤 기도

　지하철에서의 일이다. 한 아가씨가 앞가슴에 유아포대기를 두르고 출입문 기둥에 붙어 서서 쉬지 않고 그 안에 있는 애기와 대화를 하고 있다. 간간이 들리는 소리에 "엄마가" 어쩌고저쩌고하는 소리가 들려, 아무리 넉넉잡아 보아도 열대여섯은 넘지 않을 나이인 것 같은데 요즘도 저렇게 일찍 출산을 하는 사람도 있구나 하는 생각을 했다. 그런데 내릴 때 보니, 포대기 안의 정체는 아기가 아닌 애완견이었다. 강아지가 늙은 부모들보다는 우선적 가족 구성원이라는 말을 들어온 지도 오래되었지만, 그렇게 보편적 실재로서 자리 잡은 줄까지는 몰랐다.

　개가 사람들에게 길들여져 사람들과 함께 살아온 지

가 줄잡아 일만 년은 지났다고 하니, 개가 사람 축에 끼어든다고 이상해할 것까지는 없을 것 같다. 개가 사람의 언어로 이름을 얻고, 안방에서 함께 사는 일이 머리로는 이해가 되면서도 가슴으로는 품지 못하는 나의 뇌 구조가 이상하다면 이상할 것이다. 개뿐이 아니다. 거북이, 파충류에서 곤충까지가 보통명사인 종족의 이름이 아니라 고유명사인 개별자의 이름을 얻어 인간의 일부가 되고, 정원수나 가로수조차 사람의 대화상대로 개별성을 인정받는다. 그 이름마저 이제는 예사로 사람의 이름을 흉내 내어, 대상을 보지 않고 이름만 들어서는 사람인지 사물인지 모를 때도 많다.

이름을 짓는다는 것은, 단순히 이름과 그 이름의 대상 사이를 규정하는 하나 대 하나의 대응적 관계만이 아닌, 이름 짓는 주체의 의도를 세계에 던져주어, 세계가 그 의도대로 정향할 수 있도록 추동하는 일이다. 마을 공터에 느티나무 한 그루 심어놓고, 서낭나무로 이름 부르는 순간 그 나무는 신성을 획득하고 신의 영역에 편입되면서, 마을 사람들의 안녕을 책임지고, 복을 비는 자에게 복을 주어야 할 신적 존재가 된다. 느티나무의 의지가 아니라 사람들의 결단이고, 자신들이 심은 나무에게라도 의탁하지 않고는 견딜 수 없는, 사람들 앞에 전개되는 삶의 무한한 자유에 대한 불안을 전가하려는 의도이기도 하다.

이러한 사람들의 집단무의식을 바탕으로 공작본능의

인간이 만든 작품이 신화나 종교라는 생각이다. 어린애가 어머니의 품속을 찾듯, 사람은 누구나 의지할 수 있는 누군가를 찾지 않을 수 없는데, 그 궁극의 실재가 자신들이 믿는 신일 수밖에 없기 때문이다.

그리스의 신화를 비롯한 세계의 모든 신화의 그 많은 신들은, 그 이야기대로 신들이 먼저 있고, 그 선재하는 신들이 인간을 만든 것이 아니라, 인간이 자신들의 욕망을 투사하여 나름대로 신들을 만들고, 그 신들을 통하여 현실 속에서 불가능한 욕망을 대리 충족할 수 있었던 셈이다.

신이니 종교니 하는 이야기를 한다는 것은 실로 감당할 수 없는 영역의 무모한 짓이다. 이미 많은 사람들이 자신의 목숨조차 가벼이 여길 정도로 내면화된 신념과 구원의 확신으로 꿈이 서려 있는 불가촉의 신성과 드잡이하는 일이고, 지금까지 내가 경험해온 불가지의 실존적 삶의 여러 국면과 인간이 지금까지 축적해온 지식이나 보편적 인식 사이의 괴리에서 오는 내 안의 갈등에 대한 두려움까지 스스로 정립된 질서의식마저 가변적이기 때문이다.

솔직히 말하라면 내가 믿는 하나님을 부인할 만큼 인간에 대한 신뢰를 견지할 자신은 없다. 나는 여전히 이 우주의 궁극적 실재로서의 신을 믿는다. 그러나 그 신이 지금처럼 인간의 편견에 동조하는 신은 아니라는 생각이다. 우주의 역사에 비하면 그리 길지도 않는 역사 속 끊임없이 계속되는 전쟁에서, 늘 그 싸움의 빌미가 되고 있는 신이라는 존재는 결코 내가 믿는 신의 개념으로는 이해가 되지 않는다.

지금도 시리아를 비롯한 전쟁에서 쌍방이 앞장세우는 그들의 신이, 그들의 창이요 방패가 되어 사람들과 실질적인 싸움을 자행하고 있다. 신의 이름으로 저지르는 테러는 또 얼마나 많으며, 그 피해 또한 얼마나 끔찍한가? 명분 없는 다툼은 없겠지만 과연 그들 전쟁의 명분이 그 많은 목숨의 희생에 값할 만큼 가치 있는 것인가? 예부터 전쟁은 약탈이라는 수단을 통한 경제적 이익을 취하는 술책이었다. 지금 저 전쟁의 주변에서 어느 편인가의 역성을 들고 있는 강대국들의 의도를 되짚어보면 과연 그들이 인도적 목적으로 저 전쟁에 편들고 있을까를 의심하게 한다. 무기장사를 하고, 그 지역의 자원을 유린하는 일이 비단 어제오늘의 일이 아님은 역사가 말해주고 현실이 증명하고 있지 않은가?

우리는 우리가 믿는 신의 절대성이나 궁극성을 믿는다. 한편 문화적 토양이 다른 세계의 여러 곳에서는 다양한 형태의 신들이 산재해 있고, 그들의 주민 역시 그 절대성이나 궁극성을 부인하지 않는다. 그렇다고 유일신인 최고의 신이 현현하여 그 우열이나 진위를 구분해줄 리도 없다. 신들의 전쟁을 대리한 인간들 역시 그들의 신에게 투사한 욕망을 철회할 마음은 전혀 없는 상태다.

    종교의 갈등으로 인하여 전쟁이 멈추지 않는다면, 전쟁을 종식시킬 길은 단 하나, 이 땅의 모든 종교를 폐하는 길밖에 없다는 결론이다. 그렇지 않으면, 모든 종교가 선교를 포기하고, 모든 다른 종교를 인정하며 존중해주는 길인데, 인간이 스스로 이루기는 힘든 일임에 틀림없다. 그래서 내가 믿는 궁극의 실재이신 하나님께 기도를 했다.

    이제 하나님이 이 지상의 모든 신이라 지칭하는 족속들을 모두 강제로 은퇴시키고, 하나님조차 마지막에는 스스로 은퇴하시라고, 외람된, 정말 입 밖으로 내뱉을 수 없는 참람한 불경스러운 말로 기도를 했다. 하늘나라에 가서 심한 치도곤을 당할지, 내 철없는 기도를 용납하시며 웃음으로 넘겨주실지는 그때 가보아야 알 일이지만, 이제는 종교라는 것들의 독선과 아집이 정말 싫다.

어떤 기도

사람들은
제 주변의 모든 존재들에게
사람 되기를 강요한다,
강아지, 코끼리, 곰, 앵무새, 돌고래
정원수, 가로수까지.

곰은 제가 곰인지 모르고
정원수도 제 이름을 모른다. 다만
사람들만 그들에게 이름을 붙여주고
이름 안에 묶어
사람이 사람 다루듯 그들을 길들인다.

드디어
사람한테 길들여진 신들조차
편견과 차별을 배워
사람 따라 줄을 서고
맹문 모르는 폭력에 역성도 든다.

새벽마다 찾아가서
주문처럼 사랑을 고백하는 내 하나님께
오늘 새벽엔
불경스럽게도, 정말 불경스럽게도, 이젠
사람들 욕망에 추임새 넣지 마시고, 이쯤에서
은퇴를 하시면 어떻겠냐고 빌었다,

붓다도 알라도 브라흐마 삼형제도 모두 데리고
사람에게 길들어 맞장구에 능하신 신들은
신들의 나라로 가서 신들끼리 사시라고. 더 이상
사람들 싸움의 빌미가 되지 마시라고.
사랑의 구실조차 짐 지지 마시라고.

꽃피우기

내게 봄을 가장 먼저 알려주는 꽃이 대문 밖 진입로 어귀에 피는 산수유꽃이다. 집을 신축할 때 진입로와 인근 농지의 경계에 심은 나무이니 벌써 스무 살이 넘도록 내 집 문밖을 지키는 친구다. 포장도로에 인접해 있어 거름을 주지 않은 탓인지, 인근 농지를 드나드는 트럭이나 트랙터에 시달린 탓인지 나무가 부실한데, 가는 꽃잎마저 더 가늘어 얼핏 보아서는 꽃이 피고 있다는 사실조차 간과할 때가 많다. 그때쯤엔 의례히 뜰 한가운데 있는 소나무 근처를 찾아보면 깽깽이풀의 잎도 없이 솟아오른 앙증맞은 꽃송이들이 웃으며 나를 맞아준다. 마당가 미선나무가 뿌리 쪽부터 위쪽으로 올라오면서 하얀 꽃을 수놓고,

옆에 있는 백목련과 자목련이 겨우내 꼭 쥐고 있던 손을 슬그머니 풀면서 꽃잎을 펼친다. 홍매화 백매화가 잇따라 피어나고, 산 밑에 가까운 수양벚꽃의 휘늘어진 춤사위가 날렵해진다. 진달래, 산당화, 철쭉이 피고 왕벚꽃 소담스런 꽃숭이가 대문간을 환히 밝힌다.

그런데, 올해는 꽃샘추위가 유난하더니 목련은 피지도 못한 채 얼어버렸고, 매화도 제대로 열매를 달기 전에 얼어버려 매실농사도 흉년이다. 개구리는 얼마나 동사를 했는지, 이맘때면 요란하던 개구리 구애의 요란한 노랫소리도 자취를 감추었다. 우리 사회의 젊은이 취업만큼 자연계 식생들의 삶도 만만치만은 않은 실정이다.

피지도 못하고 말라버린 자목련 몇 송이를 따와서 말려보려고 시도해보았으나 별로 신통치 않다. 올해는 목련차도 마시기 어려울 것 같다. 차를 마시지 못해 서운한 감정보다는 제대로 그 화사한 자태를 보여주지도 못하고, 심지어 열매마저 맺지 못한 채 한 해를 비워둘 수밖에 없는 그 요절의 운명이 더욱 나를 서글프게 한다.

우리 현대사의 몇몇 곡절 앞에 목이 메는 까닭도 그 주역들이 너무 젊고 어리기 때문이다. 4.19. 5.18. 세월호가 아직도 우리의 가슴을 떠나지 못하는 연유도 그 미완성의 아쉬움과 꽃샘바람의 폭력에 대한 울분 때문이다. 자식을 잃은 경험은 없지만 그 유족들의 아픔을 이해하는 할 수 있을 것 같다.

지난해에는 사랑하는 딸을 잃고	去年喪愛女
올해는 사랑하는 아들을 잃었네	今年喪愛子
슬프고 슬프다 광릉 땅에	哀哀廣陵土
두 무덤이 나란히 마주보고 섰네	雙墳相對起
쓸쓸히 사시나무에 이는 바람	蕭蕭白楊風
도깨비불 반짝이는 솔숲에서	鬼火明松楸
지전을 날리며 너의 넋을 부르고	紙錢招汝魄
네 무덤 앞에 술잔을 따른다	玄酒奠汝丘
너희 남매의 가여운 혼은 당연히 알아	應知弟兄魂
밤마다 서로 따르며 놀고 있겠지	夜夜相追遊
비록 뱃속에 아이가 있다지만	縱有腹中孩
어찌 제대로 자라나기를 바라랴	安可冀長成
하염없이 슬픈 노래를 부르며	浪吟黃臺詞
피눈물 슬픈 울음을 속으로 삼키네	血泣悲吞聲

　난설헌蘭雪軒 허초희許楚姬의 박복했던 삶의 일단을 엿보게 하는, 「아들 죽음에 곡하다哭子」라는 시다. 연이어 딸과 아들을 보낸 어미의 피토하는 심정을 토로한 시다. 시의 끝자락에서 황대과사黃臺瓜詞를 불러들여 측천무후처럼 덕이 없고 사랑이 모자라, 제 자식을 연달아 죽인 것이라는 취지로 자책하고 있음을 보면, 역시 어머니들은 시대를 달리하면서도 자식을 잃은 마음은 다르지 않음을 알 수

있다. 팽목항 부두의 젊은 어머니들의 몸부림에서 전이되어오는 그 아픔을 느껴보지 않은 어머니가 몇이나 될까?

난설헌이 인용한 황대과사는, 당唐나라 고종高宗의 맏아들 홍弘이 태자가 되었으나. 측천무후에게 독살되고 둘째인 현賢이 태자가 되었는데 무후의 야심을 눈치 채고 있던 현이 늘 근심으로 말이 없으면서 그 신세타령으로, 이 노래를 지어 악고에 주어 부르게 함으로써 부황과 무후의 깨달음을 얻으려 했으나, 도리어 쫓겨나 죽고 말았다는 사연이 있는 시다.

황대 아래 외를 심으니	種瓜黃臺下
외가 주렁주렁 익었네	瓜熟子難難
첫 번째는 외 좋으라 따내고	一摘使瓜好
두 번째는 아직 배다 솎아내고	再摘令瓜稀
세 번째까지는 그래도 괜찮더니	三摘尚云可
네 번째는 덩굴채로 걷어 가네.	四摘抱蔓歸

비정한 어머니의 패륜을 끌어와 자책하는 난설헌의 그 슬픔을 생각하면서 시를 다시 음미한다. 꽃을 피우고 열매를 맺는 일의 어려움이 새삼 우리 삶의 한시적 속성을 되돌아보게 한다. 목련의 씨앗이나 매실의 낙과처럼 사람의 일생도 그 나름으로 추구하는 꿈의 실현은 대부분의 사람들에게는 벅찬 과제일 수밖에 없다. 그러기에 모

든 삶은 종요롭고 마땅히 존중받아야 한다.

한 포기 풀잎의 피고 지는 곡절에도 그 생명의 최대치가 주입되고 있다는 진실 앞에 우리의 마음가짐이 좀 더 경건해져야 할 것 같다. 오늘도 우리는, 화려한 조명을 받는 주역들의 무대와는 달리, 그늘진 밑바닥의 단역들이 펼치는 삶의 작은 무늬들이 이루는 이 땅의 본모습을 잊고 있는 것은 아닐까? 길을 걷는 참맛은 앞만 보고 걸어가는 것이 아니라 옆을 살피며 걷는 일이다. 곁을 지켜준 사람들에게 새삼스러운 안부전화라도 하여야 할 것 같다. "네가 있어 내 길이 외롭지 않았음에 고마움을 전한다, 내게 모든 사람이자 단 하나인 너에게."

개화開花

해포에 찾아온 벗
뉘 아니 반기랴만

닫힌 문 선뜻 못 열고
서성이는 마당가

발그레 두 볼에 감춘
초경初經 소녀 저 미소.

꽃 피고 꽃 지는 일
예사롭다 하지 마라

이 땅에 오간 흔적
씨알 한 톨 남기는 일

오늘이 끝날이듯이
목숨 다해 피웠다.

길에서

　세상은 넓고 사람은 많다. 길거리를 다니다 보면 닮은 사람을 흔히 만나게 된다. 어떤 때는 몸짓 발짓 아무리 보아도 아는 사람 같아서 어깨를 쳤다가 낭패를 당하기도 한다. 특히 근시가 진행되던 젊은 시절 한동안 안경을 쓰지 않고 지낸 적이 있는데, 그때의 실수를 생각하면 지금도 얼굴이 붉어질 만큼 민망한 곡절도 많았다. 그리 넓지도 않은 원주의 옛 중심가인 원일로 건너편에서 아는 사람이 인사를 해도 못 알아채는 바람에 건방지다는 욕도 많이 먹었고, 다방이라도 들르면 저쪽 구석에서 손짓을 해도 못 알아본 탓에 질책을 당하기도 했다. 그래서 나중에는 내가 알아볼 수 없을 만큼 떨어진 곳에서 하는 몸짓에는 아무에게나 아는 체하다가 망신을 당한 적도 있다. 생각다 못해 아예 정면의 아래쪽만 보며 걷기도 하고, 조명이 밝지 않은 다방 같은 곳에 들르면 미리 한 바퀴 돌아 비난의 소지를 없앤 뒤 입구 쪽에 자리를 잡아 아는 사람이 들어올 경우까지 고려하지 않을 수 없었다.

군 복무 중 장난 끝에 안경을 떨어뜨려 못 쓰게 된 뒤, 군 생활에 여러모로 불편한 안경을 쓰지 않고 지내는 일에 익숙해지면서 무슨 신조처럼 안경 없이 지내기로 일관하던 고집을 꺾고 안경을 다시 쓴 일도 이러한 실수의 연속선상에서 일어난 일이다.

어느 때 내가 근무하는 곳으로 출장 온, 서울에서 근무하는 후배가 돌아가서 내 친구들에게 "이 선배는 인사를 해도 아는 체를 않더라."고 좋지 않은 이야기를 하고 다닌다는 말을 듣고 알아보니, 청사의 조명이 밝지 않은 긴 복도의 한 쪽에서 인사를 한 모양인데 내가 미처 알아보지 못함으로써 비롯된 일이었다. 그때부터 더 이상 실수를 하지 않으려고 안경을 다시 쓰기 시작했다. 나중의 서울 출장길에 일부러 그 후배를 찾아 해명도 하고 사과도 했음은 물론이다.

이러한 근시의 안경 쓰지 않기 학습으로, 나는 지금도 아는 사람을 확인하는 데는 지연 전략을 택할 때가 많다. 가까이 가서 알아보거나 상대방의 가시권에서 그의 태도를 먼저 읽은 후 아는 체를 하기로 한 것이다. 그러다 보니 모르는 사람을 아는 체하여 겪는 곤혹스러움은 덜한데 간혹 '인사를 먼저 하지 않는 사람', 건방진 자의 전형이 되는 오해의 빌미가 되기도 한다. 세상살이가 어려운 것은, 밥 잘 먹고 잠 잘 자는 어려움에만 있는 일이 아니라는 확증 같은 사례들이다.

> 기왕 집 안에서 자주 보고　　　　　　岐王宅裏尋常見
> 최구의 집 앞에서도 몇 번이나 들었던가　崔九堂前幾度聞
> 참으로 강남 풍경이 마침 좋은데　　　　正是江南好風景
> 꽃 지는 시절에 또 그대를 만났구려.　　落花時節又逢君

두보杜甫가 고향을 떠나 12년 유랑 끝에 생을 마감하던 무렵 강남의 담주潭州에서 그 당시의 명창 이구년李龜年을 만나, 그들이 한창이던 시절을 회상하며, 하필이면 꽃이 떨어지는 시절에 다 같이 영락한 신세로 만난 일을 읊은 시이다. 한 왕조가 저물어가는 전란시기를 맞아 불우한 삶을 살았던 그들의 그늘이 참으로 짙게 느껴진다. 그렇다고 현재의 불우를 비관하는 것 같지는 않다.

이미 살 만큼 살고 보면 세상에 집착할 만한 것은 그리 많지 않다는 사실을 안다. 화려했던 어제도 한 마디 지나가는 귓등의 하찮은 이야기일 뿐이고, 어려웠던 지난 일도 아름답게 포장되어 그리움으로 남을 때가 있다. 사람마다 두보와 이구년 같은, 늘그막의 친구가 있는 것은 아니다. 그러나 그늘이든 빛이든, 어제의 것이거나 오늘의 것이거나, 말하지 않아도 서로 알고 있는 사이, 만나면 나이를 잊는 친구가 있다면 그 삶은 참 푸근할 것 같다.

늙어가는 일은 잃어간다는 말의 동의어이기도 하다. 삶을 공유하던 사람들과의 삶의 지분을 잃고, 말과 기억의 지분조차 망실하는 일이다. 혼자서는 재현할 수 없는 삶의 국면들을 외로이 반추하는 일만큼 서글픈 노릇도 없다. 그럼에도 불구하고 요즘의 내 삶 안으로 찾아오는 손님은 늘 그들이다. 아침에 열어놓은 대문을 저녁 무렵에 닫을 때까지 아무도 찾지 않은 날에도 내 집 안방에서 나와 함께 놀 수 있는 친구는 그들이기에 더욱 애틋할 수밖에 없다.

나이 탓일까. 가끔 현실에서도 가고 없는 친구의 실재를 오인하는 때가 있다. 길거리를 지나다 그 모습을 보고, 그 목소리를 듣다가, 가던 걸음을 멈추기도 한다. 물론 잠깐씩의 혼란이지만 그만큼 시간의 가역성에 빠져드는 일일지도 모른다. 시간의 일회성이나 직선적 평면성으로는 해석할 수 없는 우리 삶의 다양한 굴곡과 순환적 뒤틀림이 어제와 오늘을 그리고 내일까지 동시적으로 경험하게 하는 듯한 착각 속으로 끌어들이는 것 같다.

한때 춘란이 좋아 가끔 남도로 산채여행山採旅行을 다

녀온 적이 있다. 동호인들과 어울려 춘란 자생지를 훑다 보면 어느 사이에 산정에 이른다. 등산을 목적할 때보다 힘든 줄 모르고 올랐다. 그다지 높은 산은 아니지만 산정까지 이른 내가 새롭게 느껴질 만큼 이외의 등정이었다. 지천으로 깔려 있는 춘란들 속에서 화훼가치가 높은 변이종變異種을 찾는 일은 쉽지 않다. 결국 빈손으로 돌아오는 일이 열에 아홉이지만 또 다시 산채행을 나서게 하는 동인이 아마도 그 몰입성에 있었던 것 같다. 좋아하는 난을 찾기 위해 민춘란 밭을 뒤지는 일에 참척하다보면 몸의 피곤도 시간의 진행도 잊게 된다. 더구나 함께 해주는 동호인이 곁에 있어 외롭지가 않다.

인생은 자신이 몰입할 만한 일에 전념하는 자에게는 희극이고, 아무리 보수가 많아도 하기 싫은 일을 억지로 하지 않으면 아니 되는 사람에게는 비극이다. 다시 말하면 지금 자기가 하는 일에 몰입하는 자에게는 즐겁고, 그렇지 못한 자에게는 한없이 불편한 것이 삶이다. 지나고 보면 그렇게 불편했던 과거도 한없이 편안한 모습으로 재현되는 것은, 현장의 정서가 배제된 탓이지 그 실체가 아름다워서가 아니다. 그래서 옛날은 다 아름답고, 눈앞은 모두 지옥이라고들 말한다.

우리 모두는 다 길 위의 존재다. 옆에 있는 사람들과 재미나게 걷든지, 혼자서 목적지의 남은 거리를 헤아리며 지루하게 걷든지, 그 선택은 자유다. 그러나 이왕이면 목적지까지 남은 거리는 잊어버리고 옆 사람과 수다나 떨면서 걷다보면 어느새 목적지에 이를 것이다. 사실은 목적지는 신기루다. 그냥 길이 있으니 걷는 거다. 아무데서나 멈추라면 멈추면 되고.

길을 가다가

저만치 앞서 가는 뒤태가 눈에 익어
서둘러 성큼성큼 앞질러 돌아본다.
아뿔싸, 그 친군 하마 삼도三途내를 건넜지

이즘은 이따금씩 내가 나를 잊고 산다
보이는 친구보다 떠난 사람 자주 찾고
여기가 거기인 듯이 냇물마저 마르고

어제는 주차하다 뒤차에 부딪쳤네.
앞만 보고 살다보니 뒷걸음은 늘 서툴다
되돌려 살 수 있다면 뒷걸음부터 배웠겠지

멈춰서 돌아보면 온 길 더욱 아득하고
너덜겅 논틀밭틀 다시 보니 살뜰하다
소풍 길 길동무마다 오체투지 절할거나.

제2부

어려운 일 당할 때도 언제나 즐거운 듯
가난하게 살면서도 한결같이 편안한 듯
봄바람, 시린 눈물에 옷 젖는 줄 몰랐네.
    處困常歡若 居貧每晏如
    東風寒食淚 不覺滿衣裾 － [李達 次韻]

주례

　요즘은 퍽 개성적인 결혼식이 많아지고, 그 틀도 다양해졌지만, 신부의 주거지를 중심으로 한 전통혼례식보다 예식장에서의 이른바 신식결혼을 선호하면서 예식을 집전하는 주례자가 필수적이었던 한때가 있었다. 그러한 시속의 흐름에 따라 내가 주례를 선 때가 내 나이 서른을 갓 넘었을 때다.
　평소 친하게 지내는 후배가 자신의 고향친구 결혼식 주례를 부탁하므로, "무슨 말도 안 되는 부탁이냐"고 처음에는 한 마디로 거절을 하였다. '내가 결혼한 지도 몇 년 되지 않았는데, 어떻게 내 주제에 주례를 맡을 수 있느냐? 적어도 자신이 은혼식 정도는 지났을 때 주례를 맡아야 하는 것이 아니겠느냐 하는 지금 돌이켜보아도 온당한 생각으로 그 청을 거절한 것이다. 그로부터 며칠 후, 그 후배가 다시 찾아와 "아무래도 선배님이 주례를 좀 맡아주셔야겠습니다. 객지라 달리 부탁할 데도 없을 뿐 아니라, 오래 사귀어온 신부될 사람도 여건이 좋지 않아, 모처럼 결혼을 작정한 두 사람을 위해 적선하는 셈치고 좀 도와주시면 안 되겠습니까?"하고 강청을 하는 데는 다시 거절하지 못하고 그의 청을 들어줄 수밖에 없어, 주례의 역할이나 그 있어야함의 당위성마저 재고할 사이도 없이 그 청을 수락하고 말았다.

후배의 부탁을 끝까지 거절하지 못한 데에는, 그 후배도 모르는 내 개인사가 한몫을 한 점도 부인할 수 없다. 공무원 임용이 되면서 처음 발령받은 곳이 내 고향에서는 수백 리 떨어진 강원도이고 보니, 고향에서 치르는 내 결혼식에는 결혼식 전날에나 내려갈 수 있었고, 그래서 주례를 부탁하는 일은 아버님께 일임을 했다. 그 지역 고위직 지방공무원이시던 아버님 친구 분이 주례를 맡기로 한 것인데, 당일 결혼식장에 도착하여서야 그분이 편찮으셔서 부득이 참석할 수가 없다는 연통을 뒤늦게 받는 바람에 한바탕 촌극이 벌어졌다. 그래서 내 결혼식은 일면식도 없는 그 예식장 전속의, 직업이 결혼식 주례인 전문가가 주례를 맡았다. 전문가의 매끄러운 진행으로 무사히 의식을 치르긴 했으나 오랫동안 회상하고 싶지 않은 서글픈 기억으로 남았다. 몇 년 전 내가 겪었던 그 곤혹스러웠던 경험을 저들 젊은 부부에게 되풀이하게 할 수는 없지 않을까. 내게 자격이 있느냐 없느냐를 따지는 일은 부차적이고 지금 함께하는 행복감에 들떠 있을 저들을 축복해주는 일 외에 더욱 소중한 명분이 있을 수 없지 않을까 하는 생각에서 그 주례를 맡기로 했다.

일단 일을 맡으면 완벽해야 한다는 의무감에, 예식장에 비치된 식순과 미리 준비된 표준 서약서와 성혼선언문을 구해 그 차례와 문안들을 검토하여 내 나름대로 고치는 한편, 무엇보다 고심한 일은 주례사였다. 생각해보면, 내가 결혼식을 치르던 그날의 소동이 원인으로 작용하여 결혼식 내내 심기가 편치 않았던 탓도 있었겠지만, 나는 그 전문 주례의 명 주례사가 어떤 내용이었는지 한 마디도 기억하는 말이 없다. 내가 그러한데, 저들 신랑신부는 내가 하는 주례사를 얼마나 받아들이고 오래 기억할까. 나처럼 아무 말도 기억하지 않을 일이라면, 이렇게 고심할 필요가 있을까. 그래도 청중이 되어줄 하객들의 귀를 위해서라도 좀 멋진 주례사를 해야 하지 않을까. 잠자리에 들어서도 혼자 썼다가 지우고, 다시 썼다가 또 지우면서 며칠을 보낸 끝에 내린 내 결론은, 주례사를 써서 오래 간직할 수 있는 장치를 마련해 전해주자는 생각이었다.

그래서 그날 이후 내가 주례를 맡은 결혼식의 경우에는 주례사와 성혼선언문, 그리고 결혼서약서를 미리 작성한 다음, 예비신랑신부를 미리 만나 서명을 하게 한 뒤, 문구사에 가서 코팅을 해서 당일 예식 후 이를 신랑신부에게 전해주는 다소 번거로운 절차를 지속하고 있다. 그들이 그것들을 잘 간직하고 있는지, 한 번이라도 다시 그 말들을 읽어보고 있는지는 확인할 길은 없다.

　세상 모든 일이 다 그런 게 아닐까. 내가 할일을 했으면 그 일의 결과를 받아들이는 상대의 상태까지 고려하거나 추적해야 할 일은 아니지 않은가? 뿐만 아니라, 주례 한 번 맡아 한 일로 그들의 사생활을 간섭하거나 침입할 권능까지 부여받은 일도 아니어서 사후에 그들이 살아가는 행태까지 확인하는 일은 애초에 불가능한 일이기도 하다. 다만 그들 사이에 무슨 일이 생겼을 때 혹시라도 어느 한 쪽의 눈에 띄어 결혼식의 기억을 되살림으로써 최악의 사태나 절망을 극복할 수도 있지 않을까 하는 기우에서 시작한 일이고, 이왕 시작한 일이라서 그대로 지속하고 있는 셈이다.

　처음에는 성인들의 말이나, 부부간에 지켜야 할 계율 같은 말들로 결혼생활이 무슨 종교의식이나 도를 닦는 일이라도 되는 양 미사여구의 행위 절목節目으로 포장해오던 주례사가 갈수록 단순한 말들로 다듬어지기 시작하면서 그 주례라는 노릇도 익숙해지기 시작했다. 익숙해지면 익숙해질수록 당부랄까 살아가는 일에 대한 조언 같은 내용의 진정성은 줄어들고, 내 스스로도 지금 '내가 무슨 말을 하고 있나.' '나도 인생을 잘 모르면서 젊은 친구들을 오도하고 있지는 않은가.' '나도 지켜내지 못한 일들을 저들에게 강요하는 위선으로 무간지옥에 떨어질 짓만 골라 하고 있는 게 아닐까.' 하는 회의감이 들기 시작하면서 어느 때부터인가 가능한 한 주례 부탁을 사양하고 있다.

아직도 낯선 길에 서면 당황스럽고, 세상길은 다 통한다고 말로는 큰소리치면서도 내심은 불안해하는 내가, 무슨 수로 저들 인생의 징검다리 돌 하나 놓는 일에 울력할 수 있을까. 경험이 지표가 되는 규격의 세상을 산 기성세대가 정보화의 최첨단에 있는 젊은 세대들에게 해줄 말이 너무 진부하지 않은가. 나 아니라도 좋은 말이 넘쳐나는 세상에 소음만 더하는 짓은 하지 말자. 주례를 세우지 못하여 결혼에 지장이 있을 만한 세태도 아니고, 부모나 친지의 축사로 대신하거나, 친구들의 짓궂은 장난으로 식장의 분위기를 뜨겁게 하는 이즈음의 결혼식 풍경을 보면서, 요즘도 전문 주례가 설 자리가 있을까 하는 생각을 해본다. 재력과 권력의 과시용으로 자주 보게 되는 정치인이나 유명인 들은 빼고.

다행히, 내 주례로 결혼한 그들, 내 가시권 안에 있는 자들은 모두 잘 살고 있다. 자녀들이 결혼을 한다며 청첩장을 보내오는 일도 적지 않아, 애초에 사례비도 받지 않았는데 뒤늦게 축의금까지 내야 하는 이 모순은 어떻게 해석해야 하느냐고 기분 좋은 불평도 주고받으면서 시간이 연출하는 여유를 즐긴다.

주례

살다보면
뜻 모르는 노래도 부를 때가 있는 법이다.

은혼식도 지나고
자식들 혼기가 지나도록 살면서도
아내의 속마음 하나 훔쳐보지 못했는데,
결혼기념일에는 왜
아내의 선물을 챙기고 외식을 하여야 하는지
아직도 오도悟道의 길은 턱없이 먼데
어쩌다 결혼식 주례 부탁을 거절하지 못할 때가 있다.
속으로야
나도 모르는 인생,
너희들 알아서 잘 어울려 살아보라고만 하고 싶지만
때로는 정직도 죄가 되는 일.
신랑신부에게인지
하객에게인지 모를
나도 못 지키는 잠언 몇 마디
그럴싸하게 포장해 늘어놓고
증명사진 한 장으로 해방이 된다.

아마도 새들은
저들이 모르는 노래를 부르지는 않을 게다.

반추反芻

    노루 사냥을 할 때 달아나는 노루를 맞추기보다는, 한참을 달리다 반드시 멈추어 서서 되돌아보는 그들의 습성을 이용하여, 그 순간에 총을 발사하면 쉽게 노루를 잡을 수 있다는 이야기가 있다. 내가 직접 사냥을 하거나 사냥터에 따라가 확인한 일이 아니라 단정할 수는 없지만 그럴싸한 말 같다. 그래서 노루에게 쓸개가 있느니 없느니 하는 실없는 말이 오가기도 한다.

    죽음의 질주 중에도 뒤를 돌아보게 하는 습성, 비단 노루만의 특성일까. 사람도 늘 자신이 걸어온 길을 되돌아보는 숙습의 존재는 아닐까. 특히 나이가 들어가면 더욱 뒤편의 지나온 풍경을 회상하는 시간이 늘어나고, 그 중에서도 유달리 선명한 장면들이 떠오르면 그 자리에 머물러 한동안 서글픈 구경꾼이 되기도 한다. 내 자신의 삶이면서도 내가 참여할 수 없는 지난 모습이기에 당사자가 아니라 구경꾼일 수밖에 없는 시간의 작희作戱가 서글프다는 뜻이다. 아름다웠던 장면보다는, 지워버리고 싶은 정경이 더욱 뚜렷하게 지나온 시간의 간극과는 비례의 균형을 깰 때가 많아진다. 소가 한 번 삼킨 여물을 다시 꺼내어 씹듯 과거를 씹어 맛을 보는 목록 또한 늘그막의 식도락 같은 별난 취향으로 늘어나는 식단의 하나다.

네 살 터울의 사남매 중 막내로 태어나 늦도록 응석받이로 자란 내 기억에는, 늘 형과 누나들의 건사와 역성만 남아 있다. 초등학교 3, 4학년 무렵까지 연필을 직접 깎은 기억이 없을 만큼 막내의 응석에 길들여진 덕택에, 아직도 나는 연필 하나 곱게 깎지를 못한다. 그런 중에도 내 스스로 행한 일 중에 한 가지 기억 속에 뚜렷이 남아있는 건, 해가 긴 여름에 접어들면서 새벽마다 바깥마당 가에 있는 감나무에서 떨어진 감꽃으로 목도리 같은 것을 만들어 동무들과 겨루는 일이었다. 그 때의 우리 집은, 축대가 내 키를 넘는 안채와 안 마당을 사이에 둔 사랑채가 있었고, 사랑채와 바깥마당 사이에 감나무 서너 그루가 있었다. 그 감나무에서 밤새 떨어진 감꽃을 엮어 목도리를 만들고, 누가 더 긴 목도리를 가졌는지를 겨루다 그대로 사랑채 벽에 달아두면 흑갈색으로 말라갈 즈음 동무들과 함께 가끔 따먹기도 하던 대여섯 살쯤의 일이다.

그런데 잠 많던 나는 언제나 이웃집 철이란 놈한테 선수를 빼앗겨 목도리 경연에서는 거의 이기지 못했다. 그 일만은 내가 투정을 해도 형과 누나는 이미 내 놀음에 끼어들 나이는 지났을 뿐 아니라, 말라가는 감꽃을 먹는 일까지 오히려 말리는 상황이라 아무런 도움을 받을 수 없었다. 무슨 이유인지 모르나 가끔 철이란 놈이 나오지 않아 떨어진 감꽃을 독점하는 날이 올 때도 있었다. 그런 날은 세상을 다 얻은 것처럼 목에다 긴 감꽃목도리를 하고 으스대기도 했다. 내 벅찬 승리감의 자랑에 네 살 위의 작은누나조차 건성으로 받아넘겨 무척 섭섭했는데, 지금 생각해보면 내가 자랑하던 그 일이, 아무 것도 아니라는 사실을 아는 데는 나와 누나의 나이차만한 시간이면 충분했던 것 같다.

어깨 너머로 관전하는 사람에게 바둑판의 상황이 잘 읽히듯, 스포츠경기를 관전하는 사람들에게는 지금 뛰고 있는 선수의 결함이 잘 보인다. 그래서 응원하는 편의 선수들에게 그 안타까움을 소리높이 외쳐도 보고, 심지어 욕설까지 내뱉는다.

나도 야구경기가 시작되면 아내와 채널 전쟁을 하면서 야구중계를 즐기는 편인데, 내가 응원하는 팀의 경기가 신통찮을 경우에는 그들에게 들릴 리 없는 내 안방에서 고래고래 소리를 지르기도 한다. 관객이 선수보다 실전을 더 잘 치를 것이라 생각하는 사람은 아무도 없지만, 야구방망이 한 번 잡아본 일이 없는 관객들의 관전평에 동조하는 사람은 많다. 이 점은 사람들의 삶에서도 예외가 아니다.

곁에서 보고 있으면 남의 발걸음은 잘 보이는데. 막상 자신의 발걸음은 잘 보이지 않는다. 세월이 지난 다음 자신이 걸어온 흔적을 돌아본 사람은 그때야 비로소 눈에 들어오는 자신의 어지러운 발자국을 보게 되고 잘잘못을 깨닫는다. 다시 그 길을 가라고 하면 다시는 그 발자국을 되짚어 가지는 않으리란 다짐까지 할 것이다. 그러나 정작 다시 걷는 발걸음이 지금까지의 발자국 궤도를 벗어나리란 단정 또한 성급한 일일 뿐이다.

사람은 누구나 꿈을 품고 산다. 그런데 꿈은 시간에 비례하여 작아지는 속성이 있다. 물론 꿈보다 더 큰 성취를 자랑하는 운 좋은 사람들도 더러 있지만, 대개의 사람들은 자신의 꿈을 줄이며 살고 있는 과정을 현실에 적응하여가는 지극히 당연하고 자연스러운 삶이라 인식한다.

부모들의 자식에 대한 기대도 이러한 꿈의 속성을 벗어나지 않는다. 자녀를 향한 부모의 기대는 당사자보다 더 큰 꿈으로 포장되기 일쑤다. 자신도 이루지 못한 꿈을 자식들이 이루어 줄 것이라 기대하는 부모의 집착이 오히려 당사자보다 그 분량이나 농도가 더 크고 진하다는 데 문제가 있다. 유명인들의 자녀교육에 대한 집착과 일탈이 우리 사회의 주요쟁점이 되고 있는 사실만으로도 짐작할 수 있듯, 자녀에 대한 기대는 상식으로 판단하거나 해결할 수 있는 문제가 아니다. 부와 권력의 강자일수록 그 권력과 부를 장기간 독점하기 위해서는 자신들의 자녀를 그 승계자로 만들어야 한다. 이 지고의 사명을 완수하려면 자녀들을 그만큼 상품가치 높은 외양을 갖추도록 치장할 필요가 있기 때문이다.

물론 이러한 욕구는 부귀와 빈천의 현재적 좌표와는 상관없이 모든 사람에게 편재遍在한 욕망이다. 그런 보편적인 부모의 꿈도 세월이 지나면서 자녀들이 현실에서 느끼는 좌절감 따라 줄어들기 마련이다. 아마도 그 좌절감의 크기는 부모 쪽이 훨씬 더 크다는 사실을 자식을 가진 사람은 아무도 부인하지 않을 것이다. 아니 형해形骸만 남은 꿈일망정 그 꿈을 끝까지 버리지 못하는 쪽은 당사자인 자녀들이 아니라 그 부모라고 해야 할 것이다.

아버님 기일/ 제수상 장만하러 찾아간 재래시장/ 거기 있었다./ 내 어린 꿈, 보다/ 풍만했던 아버지의 꿈// 노점상 좌판 위/ 세월과 함께 말라 쪼그라든/ 대추 한 사발.
―(「세월」 전문)

나 역시 우리 아버지가 내게 건 기대를 몰랐다고 딴전 피울 생각은 없다. 그 실망과 적응의 갈래들이, 내가 내 아들들의 아비가 되어 그들의 살아가는 과정을 직접 보고 겪으면서 더욱 확연히 보이더라는 말을 하고 있을 뿐이다. 그랬다. 별다른 애정 없이 싸늘한 가슴으로 관전하는 관객들의 눈에는 그런대로 비교적 잘 띈 경기로 보일지 몰라도 선수 자신은 늘 불만스러운 것이 삶의 실상이다. 꿈의 왜소화에 대한 집요한 변명과 합리화로 자신을 기망하려고 하지만, 마음 한 구석에 응어리져 쌓이는 회오의 감정마저 떨칠 수는 없다.

아흔두 해 이 땅의 삶을 하직하시던 날 아버님은 나를 향한 당신의 꿈을 모두 잊으시고 떠나셨을까? 아버님 생각하는 참, 덤으로 내가 나를 반추하는, 목구멍을 타고 올라오는 이 역류의 내 진실이 참 씁쓸하다.

인생

예순 살 고갯마루에 앉아
여섯 살 고향집 감나무를 본다.

안채보다 낮추어 지은 사랑채와
실개울을 등지고 앉은 돌각담 사이에는
푸성귀가 자라고,

채마밭 가로 감나무 서너 그루
아침마다 한 바가지 감꽃을 토해놓는다.
늦잠 많은 막내둥이는
언제나 옆집 철이보다 뒤늦어
한낮이 지나서야 겨우
은총인 양 덧뿌려지는 낙화로
성긴 목도리를 만드는데,
철이놈 감기라도 앓는 것일까
어쩌다 독차지한 감꽃을 화려하게 장식하는 날
아이는 꽃보다 화사한 웃음이 된다.

세상은 재바른 철이들이 다 헤집어가고,
늦가을 오후의 창가에 앉아 반추해보는
성긴 감꽃목도리 하나만도 못한 예순 해 삶의 잔해殘
骸가,
사랑채 벽에 걸려 시들던 그 감꽃마냥
입 안 가득
떫다.

들꽃 읽기

  우리 주변에서 쉽게 눈에 들어오는 봄꽃의 하나가 제비꽃이다. 마당가나 밭두렁, 길가, 심지어는 돌담 틈새에서조차 숨바꼭질하듯 다소곳한 보라색의 수줍은 얼굴을 만나는 일은 어렵지 않다.
  나이 들어가면서 한때 다정한 친구였던 그 꽃마저 잊고 지낸 세월이 늘그막의 내 정원으로 다시 돌아왔다. 어릴 때처럼 키만 맞추어주면 내 오랜 친구는 언제나 내 곁을 지켜준다. 우리가 한 가지로 인식하고 있는 제비꽃이 우리나라에서만도 30여 종이 된다고 한다. 붉은 색이나 보라색 계통으로는 뫼제비꽃, 졸방제비꽃, 왜제비꽃, 고깔제비꽃, 서울제비꽃, 알록제비꽃, 흰털제비꽃 들이 있고, 노랑제비꽃, 털노랑제비꽃 같은 노랑색의 제비꽃이 있는가 하면, 흰색으로 남산제비꽃, 태백제비꽃, 섬제비꽃 들이 있어, 잎이나 꽃의 생김새, 색깔에 따라 다른 이름으로 불린다. 하지만 우리들에게 가장 친근한 꽃은 역시 보라색 제비꽃이다.

나는 한때 우리 산하에 자생하는 들꽃에 미쳐 있었던 때가 있었다. 희귀한 들꽃을 수집하러 전국의 유명한 야생화 단지는 가보지 않은 곳이 없을 정도로 다녔다. 그때 옮겨 심었던 알록제비꽃, 남산제비꽃, 노랑제비꽃, 섬제비꽃 등은 몇 년이 되지 않아 자취를 감추고, 지금은 일찍이 우리 주변에 흔히 있었던 보라색 제비꽃만 앞뒤 뜰에 왕성한 번식력을 자랑하고 있다. 자연이 키워온 식생은 자연에 맡겨야 한다는, 쉬우면서도 지켜내기 어려운 교훈을 받은 셈이다.

내가 들꽃을 좋아해 쫓아다닌 몇 해가 내게 의미 있는 일이었다면 그건 '보기'에서 '읽기'로 들꽃을 상대하는 태도를 바꾼 일일 것이다. 들꽃 하나하나가 갖고 있는 특성을 찾아 꽃잎의 갈피를 따라가며 그 꽃이 세상에 온 의미를 찾고 재해석하면서 한 포기 들꽃의 일생을 더듬다보면 내가 야생초인지 야생초가 나인지 혼란스러울 때가 있다. 광속의 비행기라도 있으면 모를까 평생을 날아도 태양계를 벗어날 수 없는 존재 앞에 열려 있는 이 우주의 무한을 생각하면 나와 이 들꽃 사이에 무슨 차이가 있을까? 초고

층빌딩을 세우고 우주탐사선을 보내는 일이, 꽁꽁 얼어붙은 대지를 헤치고 솟아오른 새싹의 여린 잎에 새겨진 생명의 의미보다 나은 게 무엇일까?

시골집 흙돌담 틈새에 돋아난 제비꽃을 만나면서, 내가 처음 받은 인상은 우리 세대의 아가씨들이 갖고 있던 부끄러움이나 수줍음이었다. 함께 자라는 소녀들을 놀리는 일을 사랑의 에두른 표현으로 활용하곤 하던 그 시절 소년들의 감성 속에 제비꽃이 피어난 것이라 할까. 지금 그 또래의 청소년들에게는 또 다른 방법의 감정표현이 있겠지만 우리의 시절에는 대체로 그랬다. 그러다보니 진의와는 다른 결과를 가져오기 일쑤였지만, 그래도 우리들은 그 놀음을 즐겼고, 때로는 그 숨겨진 술어들에 담긴 진정을 읽고 전해오는 메아리를 접하기도 했다. 그러한 말들은 늘 몇몇의 동무들을 통해 뒤늦게 전해지고 퍼져나가면서 또 다른 놀림감이 되어 당사자들을 당혹스럽게 했지만, 오늘도 제비꽃은 그렇게 내 안에서 피었다 지기를 반복하고 있다.

제비꽃

열일곱
수줍은 가시내가
아무도 몰래 숨어서 속삭인

짝사랑의 밀어들이
들창문 틈으로 달아나다가
이웃 집 총각놈 햇살에 놀라 숨어들었던 돌 틈
비집고 고개 내미는
누구도 못 말릴 저 보랏빛
천진天眞.

　이른 봄, 눈 속에서 피는 꽃이 있다. 쌓인 눈을 뚫고 나와 꽃이 피면 그 주위가 동그랗게 녹아 구멍이 난다고 눈색이꽃, 얼음새꽃이라도 부르기도 하는 복수초福壽草다. 행복과 장수長壽는 우리 서민들의 가장 큰 염원이다. 그런데 이 꽃은 그 복福과 수壽를 다 줄 수 있다는 함의를 지닌 꽃이다. 따뜻한 내부의 온도를 지키기 위해 햇빛이 비치는 낮에만 가장자리가 위로 오므라진 꽃잎을 펼치며, 햇빛이 없을 때에는 꽃잎을 닫아버리는 특성으로 꽃 안의 온도가 높기 때문에, 꿀을 가지러 오는 곤충들이 밤에는 그 속에서 지내기도 한다. 그로 인하여 꽃가루를 매개하는 곤충이 드문 계절에도 효과적으로 수정을 할 수 있는, 의도하지 않아도 몸 스스로 반복하는 숙습宿習의 지혜를 자랑하는 꽃이다.

　그런데 복과 수를 포장包藏한 그 이름과 '영원한 행복'이라는 꽃말에도 불구하고 내게는 이 꽃이 왜 지극한 슬픔의 상징으로 읽힐까? 왜 자꾸만 서릿발 찬바람을 가슴 한가득 품고도 겉으로는 "괜찮다. 괜찮다." 웃으시던 어머니의 얼굴이 겹쳐질까? 나만의 이 오독誤讀의 연유는 어디서부터 비롯한 것일까? 일곱 살, 초등학교에 입학한 뒤에도 젖을 먹고, 외지의 고등학교에 가기까지 어머니 젖을 만지지 않고는 잠들지 못하던, 아흔여섯 어머니의 그 병실에서조차 환갑 지나 머리 허연 노인이 된 아들, "엄마, 엄마" 응석부리듯 하는 호칭이 간호사들의 놀림거리가 되던 철들지 못하는 막내에게는 늘 '어머니'는 눈물이 된다. 적빈의 현실 너머로 점쟁이들이 선심 쓰며 던져주고 간 '예순 살쯤 되면 언제 내 땅을 다 둘러보나 할 만큼 부자로 잘살 아들'이란 말이 신앙이 된 어머니는 언제쯤 내게서 그 믿음을 철회하셨을까? 애초부터 그 어머니의 꿈을 이루어드릴 생각조차 가져보지 않았던 작은 내 가슴에 여한은 없다. 그러나 어머니의 염원이 향한 최종의 지향, 아프지 말고 형제자매 어울려 함께 오순도순 오래도록 행복하게 잘살아야 한다는 희망은 버리지 않고 있다.

어느 해보다 따뜻한 겨울이라는 올해도 입춘 추위는 매섭다. 게다가 신종코로나바이러스 감염증이라는 복병으로 우리나라는 물론 온 세계가 몸살을 앓고 있다. 여든 해 가까운 세월, 철을 조금은 짐작할 나이에서도 갑년을 더한 지난 세월에도 내가 맞는 입춘은 늘 이렇게 겨울의 울타리를 넘지 못하고, 봄소식을 거짓말처럼 흘리고 간다. 희망이 절망의 동의어라는 누군가의 글을 읽은 것 같다. 그래도 사는 동안은 희망을 희망해야겠다.

복수초

어머니는,
세상의 엄마들은
얼마나 절망하면서 살까.
설움도 지극하면 재가 된다는데
차마 다 태울 수 없어
동토凍土에 묻어둔
자식 향한 염원.

절망이 희망을 포식하고 배설한 자리,
입춘 손사래에 가슴 헤친
잔설殘雪 사이로
노오란 꽃망울 두어서넛
잿빛 하늘을 연다.

출근길 여담

내 공직생활 30년의 절반가량은 일찍부터 터 잡아 살고 있는 원주에서 보냈지만 인사발령장 한 장의 방울소리 따라 여기저기 오가기도 여러 번 했다. 1995년 6월 서울에서 명예퇴직을 하기 직전 3년 가까이는 강릉에서 근무했다. 늘 그랬던 것처럼 전출지에는 단신으로 부임하여 주말이면 귀가하였다가 주초에 다시 근무지로 향하는 주週 단위의 생활이 반복되는 삶이었다. 생애 처음 접하는 회전문 안에 갇혀 빠져나오지 못하고 계속 돌아가고 있는 시골 할머니처럼 관성의 구심력에서 벗어날 때만 가능하고 있던 시기, 초임지初任地였다가 사실상 마지막 근무지가 된 강릉은 또 다른 친근감으로 내 발걸음을 머뭇거리게 한 고장이다. 남도의 억센 억양이 그대로 묻힐 수 있는 방언의 유사성에서부터 산과 바다의 맛을 동시에 누릴 수 있는 자연환경까지 내 마음을 불편하게 할 만한 요인은 별로 없었던 셈이다.

대관령터널이 뚫리고 신설된 고속도로가 개설되기 이전이었으므로 정상에서부터 강릉 시내까지 구불구불한 길을 달리며 때로는 겨울부터 여름까지 복수複數의 계절을 동시에 체감하는 일은, 그때가 지금의 속도지상의 직선화보다 더 좋았던 것 같다. 그리 길지 않은 여정에서도 정상에 자리 잡은 휴게소에 반드시 들러 휴식과 경관의 감상을 허락하던 고속버스도 좋았고, 고속도로 개설 기념탑의 조금은 유치한 그 당당한 치기稚氣도 크게 거슬리거나 마음을 불안하게 하는 요인이 되지는 않았다. 열대야의 무더위를 피해 올라온 강릉시민들의 땀을 식혀주던 그 기념탑 아래 광장의 흥겨운 심야풍경도 잊을 수 없는 내 삶의 부록으로 남아 있다.

요즘 사람들은 바닷가 도시에서 더울 때면 바다를 찾지 왜 대관령 정상까지 오르느냐고 할지 모르지만, 그때만 해도 해안선에는 공비나 간첩의 침투를 막기 위한 철조망이 필수였고, 이름난 해수욕장은 철조망 대신 출입을 제한하는 또 다른 무형의 방어막이 있어, 지금처럼 심야에도 즐길 수 있는 바다가 아니었다. 어쨌든 폭염이 심할 때면 강릉시민의 절반은 올라온 것 같다는 과장에 거부감이 없을 정도로 많은 사람들이 모여 더위를 식혔고, 사람들이 모인 곳에서는 의례히 따르게 마련인 술판, 놀이판이 날 새는 기미마저 무디게 하곤 했다.

월요일의 출근 시각에 맞추기 위해서는 아무래도 원주-강릉 간 고속버스 첫차를 탈 수 밖에 없는데, 의외로 나와 같은 처지의 지인들이 더러 있어서 무료하지만은 않았다. 하지만 모두들 피곤한 탓에 좌석에 앉자마자 졸기 일쑤이므로 차안에서는 별로 대화가 없지만 휴게소에 내리면 서로 차대접도 하고, 그때그때의 관심사에 대한 이야기를 나누기도 하면서 객지에서의 근무가 마냥 불편한 일만은 아님을 환기시키기도 했다. 오십 대에 접어들기 시작한 시절의 우리들 화두는 단연 자녀들 대학 진학 문제가 앞장을 섰고, 가끔은 우리들 삶에 밀려오는 확충과 수축의 밀물과 썰물에 어떻게 대처할 것인가의 속내를 공유하기도 했다. 누구에게나 삶은 녹녹한 일이 아니고, 이미 그맘때면 공자의 지천명知天命까지는 아니더라도, 자신의 미래가 어렴풋하게라도 조금은 보이는 지점이라서 새로운 계획보다는 결단의 시점을 선택하는 일이 주된 화제였던 것 같다.

그런데 겨울철에는 가끔 곤혹스러운 일이 발생하기도 했다. 원주에서 강릉까지는 그리 먼 길도 아닌데, 계절의 복병인 눈이라도 내리면 그 출근길은 무작정 지연되기도 했다. 멀쩡하게 맑은 하늘을 보고 원주에서 출발을 해도,

둔내터널쯤에서는 비나 눈이 오고, 대관령에 이르면 그 정도가 심하여 폭우나 폭설로 변하는 일은 흔히 있는 일이다. 고속버스의 발길을 더디게 하는 것은 비단 눈뿐이 아니라 대관령 특유의 한 치 앞도 볼 수 없게 만드는 안개도 있었다. 앞서 가는 차량이라도 있으면 희미하긴 해도 그 차의 후미등이라도 좇아가며 방향을 정할 수 있는데, 그마저도 없이 선도차가 되면, 그야말로 암중모색暗中摸索이라는 사자성어가 적실한 쓰임새로 자리 잡게 하는, 짙은 안개야말로 운전하는 사람의 가장 무서운 적이다. 특히 그 안개의 농도가 가장 짙은 지점의 시작이 강릉방면으로 내려가는 대관령 정상부에서 시작된다는 점이 더 큰 압박이 될 수밖에 없다. 물론 길가의 안개등이나 경고 장치들이 없는 것은 아니지만 그 정도로는 그 위기감을 낮출 만큼 안정적인 도구가 되지는 못한다. 그러나 이보다 더 곤혹스러운 일은 이 길을 자주 다녀보지 않은 사람은 그 엄중한 길의 사정을 잘 모른다는 사실이다. 출근 시각에 뒤늦은 일에 대한 변명이나, 원주나 춘천에서의 회의 시각에 맞추지 못한 해명까지가 구차해질 수밖에 없을 만큼 대관령의 지리적 특성으로 인한 날씨의 변화무쌍한 모습을 타지에 있는 사람에게 납득시키는 일은 그리 간단하지 않다.

길이 출근이나 회의 같은, 시간의 적시성適時性에 봉사

할 때는 속도가 단연 최상의 선호기제가 되겠지만, 기억의 편린을 찾아 추억여행에 나서는 사람의 동인動因으로 나설 때는 오히려 우회와 지체의 곡선에 발맞춰주는 경관과의 조화가 앞장을 선다. 그래서 지금도 나는 가끔 횡계에서 구 영동고속도로를 따라 성산방면으로 강릉에 이르는 길을 택해 일부러 우회할 때가 있다.

구불구불한 길을 내려가며 한눈에 들어오는 강릉시가지와 그 너머 동해바다를 조망하다 보면 강릉으로 출근하던 때의 내 동선이 보이고, 스쳐간 인정들의 세미한 목소리들이 들려온다. 몸담고 있을 땐 벗어나고 싶고, 떠난 뒤에는 아쉬운 곳이 직장이다. 지금에 와서 생각해보면 그 긴장된 삶의 짜릿한 순간들의 집적이 삶의 결들을 다채롭게 장식하는 질료였던 것 같다. 보일 듯 보지 못하는 게 삶의 현장이다. 그래서 그 현장에서 놓친 것들이 보일 때쯤이면 그 실체와는 달리 늘 화려한 치장으로 다가오는 것 같다. 폭설에 길이 막혀 지연되던 출근길의 초조가 편집증偏執症 심한 세월의 치장으로 변모하는 거기, 그리움은 늘 그늘에서 자라나는 은화식물이다.

출근 길

한 주간의 삶을 속옷이랑 구겨 넣고
강릉행 첫차를 탄다.

둔내령쯤에서
삶의 무게는 가는 눈발로 날리다가
대관령 고갯마루에 이르면,
우리의 애증愛憎과 원망願望은
폭설이 되어 내린다.

누가
이렇게 많은 한을 기도의 불꽃으로 태워
끝 간 데 없는 인자의 손길을 재촉했을까.

휴게소 안에서 만나는 생활과
악수를 하고,
자식놈 입시 안부를 묻고,
출근 시각 걱정을 하다가,
바깥으로 나서며 한 손을 펴고
은총일 수밖에 없는 현실을 받는다.

지우고 싶어라,
비틀거리며 달려온 발자국들에
담긴
오욕과 모멸의 잔해들을.
그리고 이제는
지워지지 않을 새로운 발자국을

이 눈 위에 남기고 싶다.

잠시 하늘은 모든 사고를 중단한 채
가슴을 열어
용서와 자비를 흩뿌리고,
나는
손바닥에 쌓이는 회오悔悟의 온도만큼
일상으로 돌아와
눈발을 턴다.

겨울 단상斷想

 내 유년의 마당에는 눈싸움이나 눈사람의 그림이 없다. 공중에 날리는 눈송이를 보며 폭설을 바랐지만 남녘의 따뜻한 겨울은 좀처럼 내 소망을 받아주지 않았다. 그러나 하늘은 그 무렵의 내 마음을 헤아린 듯, 남녘땅에 눈을 내리게 하는 대신, 성년 이후의 내 삶터를 강원도로 옮기게 하여 섭섭지 않을 만큼 겨울이면 눈과 함께할 수 있는 시간을 배려해주었다. 하늘을 가득 채우며 내리는 눈은 참으로 좋다. 나이도 잊고 어릴 때처럼 두 손을 펼쳐 들고 껑충껑충 뛰기도 하지만, 간간이 틈입하는 훼방꾼의 속삭임과 씨름을 하기도 한다. '어, 이러다가 내일은 어떻게 차를 끌고 나가지?' '에라 눈이 오려면 차라리 한 길쯤 쌓이도록 내려라, 아예 며칠 집밖으로 나갈 생각도 못하도록.' 여기와 저기의 사이를 오가는 사념들이 눈송이마냥 바람에 흩날린다.

어느 시인이 모란이 필 때까지 봄을 기다리듯, 나는 눈이 내리는 날까지 겨울을 기다린다. 내게 겨울의 기점은 기온이나 절기의 날짜가 아니라 첫눈이 내리는 날이다. 아침에 일어나 창문을 열었을 때, 온 세상이 하얗게 지워져 있는 모습을 보는 순간의 감격만큼 나를 정화시키는 기제가 또 있을까? 여기, 지금, 나 이외의 모든 사상事 象이 지워진 이 자리보다 더 신성한 자리는 이 세상 어디에도 없을 것 같은 순간의 자아와 마주하는 카타르시스의 시간이다. 저 눈밭, 아무도 밟지 않은 저 길에는 내 어지러운 발자국을 남기면서 걸어갈 용기가 없다. 세상이 참아줄 수만 있다면 마지막 스러지는 적설의 한 알맹이가 녹아들 때까지 아무도 저 순수를 훼방하는 일이 없었으면 하는 바람이다. 현실은, 집 앞 도로의 눈을 치우지 않으면 과태료를 부과한다는 엄포 앞에 잠시 유영하던 꿈의 나래를 접고 헛간의 가래부터 들고 나올 수밖에 없지만.

그러나 첫눈은 그렇게 쌓이는 눈을 기대할 만큼 하늘의 마음이 너그럽지 않아서 많이 내리는 일은 드물다. 첫눈 맞이는 우산도 없이, 내리는 눈을 온몸으로 즐기는 맛이라야 실감이 난다. 아무런 낌새 없이 저녁답 귀가 길의 동행친구가 되어줄 때가 즐겁고, 애송하는 시집이나 자주 펼쳐보는 고전들을 들척이다가 문득 바라본 시선에 잡힌 창밖의, 하늘하늘 춤추며 내리는 눈발, 읽던 책을 접어두고 밖으로 나가 귀한 손님이듯 두 팔 벌려 마중을 하고, 다시 창문에 붙어 서서 눈 내리는 정원을 저물도록 바라보는 일이 지금까지도 남아 있는 내 어릴 때의 버릇이다.

'벌써 겨울인가' 하다가 내 늙어버린 계절마저 두물머리에서 남북의 한강이 어우러지듯 다가온 자연의 계절과 하나가 되는 감각에 이르면, 바람에 날려가거나 지면에 닿자마자 스러져가는 눈발만큼 나도 내 존재의 무화無化를 예감한다. 일찍이 내가 나를 나라고 규정할 만한 실체가 있었던가? 나는 내 자신의 언어로 나를 규정해본 적이 있었던가? 타인의 눈으로 보고, 타인의 언어로 박제된 허상은 아니었던가? 내 삶의 주인이 내가 아니란 사실이 자각의 통증으로 온몸을 파고든다. 새 하늘 새 땅, 개벽, 천지공사, 말들은 달리하지만 저마다 지향하는 길의 끝자락에서 만나는 존재는 늘 벌거벗은 자신이 아닐까? 이쯤에서 마침내 만나는 내 모습이 갑년을 넘기고 만나는 초등학교 친구만큼 참으로 낯설게 느껴진다. 혼자 멀리 여행이라도 가서 대중목욕탕에 들렸을 때의 건장한 체구들 속에 낀 왜소한 내 나신裸身의 낭패감 같은 것이라고나 할까. 약하고 부끄러운 한 마리 수컷인 짐승, 이게 나의 실체였구나 하는 때늦은 자각 앞에 내 삶을 장식해온 거짓과 과장을 겨울이라는 계절의 힘을 빌려서라도 고해해

볼 일이다.

내게 가장 좋아하는 계절이 무엇이냐고 묻는다면, 선뜻 겨울이라고 말하기는 어려울 것 같다. 그러나 계절 가운데 가장 편안하게 느껴지는 계절을 묻는다면, 지체 없이 겨울이라고 답할 것이다. 봄은 너무 들떠 있고, 여름은 너무 시끄럽고, 가을은 너무 청승궂어 늘 불안한데 겨울은 벌레소리마저 잠재우고, 긴 밤을 옛이야기로 채우던 어린 날의 할머니 무릎만큼 편안해서 좋다. 간간이 바람이 연주하던 문풍지소리, 멀리서 들려오던 개 짖는 소리, 때때로 길게 울려오던 산짐승의 울음까지 겨울의 기억은 아랫목 이불 속만큼 지금도 따뜻하다.

어쩌다 밤샘근무라도 하는 날, 코끝에 고드름이라도 열릴 듯한 찬바람에 손사래를 쳐가며 찾아간 욕탕 속으로 온몸을 담글 때의 쾌감은 겨울이 아니고는 맛볼 수 없는 정취다. 인적도 뜸한 새벽을 걷다가 문득 시야로 불러들인 가로수의 무참한 몰골 앞에 걸음을 멈추고 눈을 감는 일도 겨울이 주는 교훈이 너무 신랄하기 때문이다. 인간의 독선과 자의가 얼마나 폭력적인지 짐작이 가는 부끄러운 국면이다. 버즘나무, 은행나무가 언제 길가에 심어달라고 사정 한 번 한 일이 있었던가? 싫다는 나무들을 제멋대로 심어놓고, 이런저런 구실로 목을 자르고 팔다리를 재단하면서 일말의 미안한 감정이라도 품어본 일이 있었던가?

옛날 마을 앞 느티나무를 찾아 해마다 제사를 지내고, 나뭇가지 하나 꺾지 못하도록 공포심을 조성하면서 들려주던, 큰 나무의 영험과 저주의 이야기를 만들지 않으면 안 되었던 할아버지들의 깊은 뜻을 이해할 수 있을 것 같다. 그만한 치성과 그만한 두려움이 없이는 나무들의 평화를 지켜줄 수 없다는 사실을 깨닫고, 신적 권위를 빌려 그 해결책을 마련한 옛사람들의 예지가 돋보이는 대목이다. 이 소리 없는 목소리를 들을 수 있는 계기 역시 겨울만이 가질 수 있는 시간의 특성이다.

야생화를 좋아하는 사람들의 모임에서 들은 이야기다. 가을에 봄꽃을 피우기 위해서는 미리 그 화분을 냉장고에 넣어 겨울이 된 것처럼 계절을 착각하게 한 뒤 밖에 내놓으면 꽃을 피운다는 내용이었다. 나는 실험을 해보지 않아 증명해본 일은 아니지만, 그 방면의 전문가가 한 말이니 사실일 것이다. 저온창고에 보관하던 양파나 감자를 시장에서 사온 사람은 다 경험하듯 얼마 가지 않아 싹이 트는 이치 역시 이와 같은 원리라고 한다.

굳이 이참에 인생도 고난을 겪어야만 성공하게 된다든가 하는 식상한 유행가를 되풀이하고 싶은 생각은 없다. 다만 겨울은 계절의 끝이 아니라 또 다른 계절의 씨앗을 잉태하고 출산을 예비하는 신부, 유랑을 멈추고 비로소 본향에 돌아와 안식에 드는 나그네의 계절이라는 말을 하고 싶은 것이다. 그 겨울의 귀환을 알리는 눈이 내린다.

첫눈치고는 제법 기세가 등등하다. 내 칩거와 엄살이 살을 불릴 때다. '오랜만에 찾아온 친구 인사라도 해야지.' 겉옷을 걸치고 마당으로 나선다.

첫눈

문득 눈 내리고
그림자 없이 다가온 하늘이 차다.
잊고 있던 숙련된 붓질로 개칠하고 있는 대지의 그림
살얼음 밑 유랑을 멈춘 낙엽이 안식에 들고
한결 영악해진 바람의 해찰이 능청궂다.
죽음, 재생, 부활, 이쯤에서
우리들의 헤픈 화두는 유행처럼 번지고
정답 없는 수능시험 문제처럼
타인의 언어로는 번역될 수 없는 삶의 보각補角들
희미해져가는 길 하나 지워주지 못하고 녹아드는 눈발
봄 오면 녹아질 적설의 집념보다
발걸음 가벼운 저 순간의 속도로
오늘의 연민을 지우고 싶다.
뒷걸음질로 숨바꼭질하고 있는 동고비 한 쌍
좀작살나무 여린 가지가 바르르 떨고
지구의 자전 속도가 빨라진 것일까
어둠의 걸음새가 날렵하다.

몸살

 두서너 해마다 간헐적으로 어김없이 찾아오는 내 오래된 손님의 짓궂은 인사치레가 지나치게 거칠다. 평소에 잔병치레 없이 비교적 건강하게 살던 사람이 아플 땐 지독하게 앓는다는 말을 실증이라도 하려는 듯, 며칠씩 온몸의 구석구석을 헤집으며 내 인내심을 시험한다. 반가운 손님과 지내는 일도 하루 이틀이면 지겨운 감이 드는데, 이 손님의 막무가내 동거에는 질리지 않을 수 없다. 직립 이후 자율적으로 몸에 익힌 최적의 편안한 자세를 찾기 위해 오른쪽 왼쪽 아무리 몸부림을 쳐보아도 숙습의 기억마저 좌표를 잃고 헤매기 일쑤다.

 "한 사흘 푹 쉬면 괜찮아질 거야." 이 사람 저 사람의 걱정인지 위로인지 모를 표준화된 정답의 문안인사에는 어딘지 헤픈 엄살에 대한 희롱기가 다분하다. 몸살감기쯤이야 다 아는 병이고, 앓아보지 않은 사람 없는 탓에, 그 통각痛覺마저 보편화되어 있다. 그래서 환자를 두고도 농담을 주고받을 정도로 심상하게 대할 수 있는 증상인 만큼, 여름철에도 두꺼운 이불을 찾던 극심한 오한이, 건조 과정 없이 세탁기에서 갓 꺼낸 빨랫감마냥 땀에 젖은 잠옷 두어 벌 갈아입다 보면 진정이 되면서, 마침내 작별인사도 없이 떠나는 불청객의 뒷덜미를 볼 수 있다.

사람이라서, 흙으로 지은 연약한 존재라서 병치레를 한다. 장작가마에서 꺼낸 도자기에는 잔잔한 빙렬氷裂이 있다. 고온으로 구운 도자기가 식는 과정에서, 그 밑바탕 흙과 덧칠한 유약의 수축률에 차이가 있음으로 하여 생기는 현상이다. 시간의 경과에 따라 계속 진행되기도 한다고 들어 알고 있다. 도자기의 빙렬처럼, 사람도 세상의 찬바람에 부대끼면서 본바탕인 흙과 하나님이 불어넣어 준 생기의 수축률 차이로 인해, 도자기에 빙렬이 지듯, 이리저리 갈라지는 현상이 병치레의 빌미가 아닐까 하는 생각이다. 뼈와 뼈가 갈라지고, 살과 살에 금이 가는 현상, 그 불화가 화산의 마그마처럼 분출하는 현상이 몸살감기가 아닐까?

사람이 동물과 다른 특징의 하나는, 아마도 불화를 삶

의 예지로 다듬어온 데 있는 것 같다. 동물들의 본능적이고 즉각적인 적대행위 대신, 사람들은 자신의 언어로 그 불화를 포장하는 기술을 익혀 활용할 줄 안다는 점이다. 특히 그 방면에서는 정치인들만큼 능숙한 기술자도 없을 것이다. 신종 코로나바이러스의 확산으로 온 세계가 비상이다. 우리나라의 상황은 조금 호전되고 있는 상황이지만, 아직도 '사회적 거리두기'로 인해 각급학교의 새 학년 개학도 못할 만큼 엄중한 현실은 여전하다. 게다가 오늘은 제21대 총선의 선거운동을 시작하는 각당의 출정식 소식마저 요란하다. 어느 편이나 코로나19에서부터 각종 사회의 현안까지, '국가와 국민을 위한다'는 같은 말들을 하는데, 알아들을 것도 같고 전혀 알아듣지 못할 것 같기도 하다.

"우리는 불화를 일정하게 규정된 언어 상황으로 이해한다. 대화자 중 한 사람이 다른 사람이 말하는 것을 알아들으면서도 알아듣지 못하는 상황이 바로 그것이다. 불화는 하얗다고 말하는 사람과 검다고 말하는 사람 사이의 갈등이 아니다. 그것은 하얗다고 말하는 사람과 하얗다고 말하는 사람 사이의, 하지만 같은 것을 알아듣지 못하는 또는 상대방이 하양이라는 이름 아래 같은 것을 말하고 있는지 전혀 알아듣지 못하는 사람들 사이의 갈등이다."

자크 랑시에르가 오늘의 우리 사회를 실사하고 가서

한 말인 것 같다. 그러고 보니 내 몸살이나, 코로나19의 확진자가 10,000명에 이른 이 참혹한 질병의 현상보다, 우리 사회의 술어述語 없는 지병, 백신도 치료약도 원천적 부재인 갈등의 병이 더욱 심각한 병이 아닐까?

촛불이나 태극기를 들고 광화문 광장으로 몰려드는 사람들의 행태가 과연 자기 확신에 따른 결행일까? 어느 한쪽의 줄기찬 학습의 결과로 인한 집단최면의 발로는 아닐까? 개척기의 미국 서부를 무대로 한 무법자 시리즈가 지금도 흥밋거리로 자주 재 상연되고 있다. 그들 영화에서 야생마나 들소를 모는 장면을 보면, 질주하는 말이나 소의 무리는 카우보이들이 모는 대로 멈출 줄 모르고 달리기만 한다. 달리는 말이나 소가 생각 없이 달리듯, 오늘의 우리들의 행동도 가짜뉴스든 언론의 사실적 보도이든 타인의 눈을 통해 보고 타인의 머리로 해석된 신념을 마치 자신의 신념인양 믿고 사려 없이 현장으로 달려가는 듯한 인상이 짙다.

"어떤 경우든 우리와 현실의 기초관계를 구성하는 것은 사고가 아닌 감정"이라고 한다. 막말과 욕설로 일관하는 연사들의 말을 들어보면, 그들이 얼마나 격한 감정의 소유자들인지 그 내면이 다 드러난다. 인간은 다투고 불화하지만 이는 오직 미래의 조화에 필수적인 서곡일 뿐이라고 긍정적으로 평가하는 견해들을 무색하게 하는 악의만이 섬뜩하게 다가온다. 가변적이기로 악명 높은 추이적 용

어인 가치판단은 잠시 보류해두더라도 그냥 보아 넘기기에는 너무나 불편한 실상, 너나 나나 같은 마음일 것 같다.

다기茶器를 쓰다보면 빙렬의 결을 따라 밑바탕 흙에 찻물이 들어 차심茶心이 박힌다. 오래된 찻잔은 찻잎 없이 물만으로도 차의 맛을 낸다고 한다. 흙으로 지은 가장 고귀한 도자기, 그게 인간이라면, 성인들의 마음을 담아 이천 년 넘게 우려 왔으니, 이제는 가만히 있어도 차심보다 더 좋은 인심의 향을 맛볼 때도 되지 않았을까? 차라리 짐승처럼 미우면 물어뜯기나 할 일이지, 번역이 불가능한 끼리끼리의 유통언어로 세상을 우롱하지 말았으면 싶다.

오늘은 또 몇 명이나 죽고, 몇 명이나 확진판정을 받았을까? 지금에 와서 전 지구적 재난을 누구의 책임으로 돌릴 일은 아니다. 인재人災라는 현상도 역시 하늘의 의도가 배제된 영역은 아닐 터, 전 세계가 모두 자성의 마음가짐으로 다시 한 번 인간의 무력함을 돌아볼 때다.

코로나19로 온 지구가 앓고 있는 이때에 내 몸살감기의 엄살이 뜬금없는 주책으로 비친다. 이젠 자리를 털고 일어나야겠다.

몸살

불화다.

세상의 모든 불화가 내 몸 안에 모였다.
뼈는 뼈를 밀어내고
살은 살을 저민다.
머릿속에 메뚜기 떼가 날고
내 머리통이, 내 팔다리가 이토록 무거웠던가
엉겁결에 실측해보는 지구의 중력
선승들이 조식하듯 저절로 셈하게 되는 들숨날숨
간간히 목구멍을 통해 날아오르는 산까치 떼를 따라가다 보면
가슴에 닿지 못한 눈물과
애쓴 적 없는 땀들의 습지에 이르고
앉거나 서거나 눕기도 하면서 몸 스스로 최적화하는
통상의 자세마저 거부당한 공간의 바깥
드라이아이스 기화하듯,
눈석임물 땅속으로 스며들 듯, 잠시
형상 없는 존재로 남고 싶은 지금
어느 때보다 분명한 내 통증의 내력
아플수록 살아 있음에 안도하고
화합할 수 없어서 함께 사는
사람이라는 흙덩이의 빙렬冰裂
생게망게 병문안 오는 생각들이
수척해진 아침을 몰고 왔다.
좀 더 앓아야 할 것 같다.

살풀이굿이라도

　요즘 온 세계의 화두는 단연 '코로나19－COVID19'다. 지난해 연말 중국 우한武漢에서 비롯한 신종코로나바이러스의 출현으로 온 세계가 비상이다. 이 질병으로 세계의 질서가 재편될 것이라는 성급한 전망이 나오는 한편으로 인간의 오만과 독선, 그리고 끝 모를 탐욕이 지구의 종말을 향해가는 길목에서 만난 거친 길 한 자락일 뿐, 앞으로의 길은 더 험난한 길이 될 것이라는 예측들도 심심찮게 들려온다. 사람들의 삶이 기형화하고 '사회적 거리두기'라는 신조어가 인성의 사막화를 가속시키고 있는 모습이다. 이판에 정치꾼들마저 끼어들어 총선에서 표 하나 사취詐取하기 위해 마지막 남은 잔디 몇 포기마저 삽질

하는 품새다. 환자가 죽어가고 있는 병실에서 장난감 기관총놀이에 정신 팔린 어린애마냥, 북쪽에서는 연일 장사정포인지 대륙간유도탄인지를 동해상으로 쏘아대는 모양도 가관이고.

나는 창세기가 전하는 인간창조의 진실을 믿는 편이지만, 가끔은 그리스 신화에서 프로메테우스가 흙으로 신의 형상대로 인간을 만들었다는 이야기나, 스칸디나비아 신화의 오딘이 물푸레나무와 느릅나무로 인간을 만들었다는 말에 더 믿음이 갈 때가 있다. 완전한 선이신 하나님이 인간을 만들었다면 아무리 타락과 불신의 탓으로 돌리더라도 인간이 이렇게 포악하고 더러운 존재가 될 수 있을까? 차라리 프로메테우스나 오딘의 폭력, 분노와 광기들이 우리의 인성을 결정하는 일에 한몫을 담당했을 것이라는 생각이 더 합리적인 추론이 아닐까?

"사람의 본성은 악한 것이니 그것이 선하다고 하는 것은 거짓이다.[人之性惡 其善者僞也]"라고 전제한 다음, 순자는 "나면서부터 이익을 좋아 하고[生而有好利焉]" "나면서부터 질투하고 미워하며[生而有疾惡]" "나면서부터 귀와 눈의 욕망이 있으므로[生而有耳目之欲]" "사람의 본성을 따르고, 사람의 감정을 좇는다면 반드시 다투고 뺏게 되며, 분수를 어기고 이치를 어지럽히게 되어 난폭함으로 귀결될 것[然則從人之性 順人之情 必出於爭奪 合於犯分亂理而歸於暴]"이라 단언

하면서 교육의 중요함을 역설했다. 옛 성인들의 가르침에 대하여 이러쿵저러쿵 시비를 가리자는 게 아니라 앞에서 말한 인간창조신화의 일면에 깃든 당위성을 오늘의 현실에서 일어나고 있는 일들에 비추어 시비의 판단을 보류한 채 다시 한 번 톺아봄직한 말이라는 생각에서 묵혀두었던 책갈피를 더듬어 보았다.

며칠 전 방영된 코로나19로 인한 '사회적 거리두기'의 영향으로 한산해진 도심으로 산짐승이 내려와 거리를 활보하는 모습이나, 인공위성이 보낸 사진에서 며칠간 산업용 시설이 멈춘 사이에 회복되고 있는 녹색의 지구를 보면서, 역시 지구에서 없어져야 할 존재는 그 무엇도 아닌 인간이라는 사실에 새삼 경악할 수밖에 없었다. 세계 인구는 1804년에 10억 명, 1974년에 40억 명, 2011년 70억 명을 돌파했다고 한다. 이 같은 인구의 폭발적 증가는 곧바로 지구에 사는 모든 생물에게는 재앙이 되지 않을 수 없었다. 서식지가 파괴되고, 인간의 욕망이 부르는 대로 희생의 제물이 되어온 지구상의 모든 존재들을 위해, 이 최상위의 포식자를 통제할 존재가 있을까? 우리가 상정할 수 있는 존재는 신뿐이다. 그런데 우리는 이미 신의 사망을 선고한 패륜의 후예들이다. 그래서 통제받지 않는 폭력과 강제가 온갖 자비와 화해의 언어로 미화되는 질서의 역설인 현대의 신화를 만들고 스스로 신의 자리에 앉았다. 신의 위엄과 자비를 배우지 못한 채 신이 되어버린 인간의 전횡이 가져온 결과는 지금 우리 눈앞에 전개되고 있는 지구의 종말로 가는 도정의 그림이다. 이러한 최악의 상황에서 인간이 할 수 있는 일은 단 하나, 스스로를 통제할 수 있는 힘에 전권을 맡기는 일뿐이다. 실재이든 인간이 만든 허상이건 신의 전지전능에 기대는 일밖에 인간이 할 수 있는 다른 방법이 있을까?

여기서 우리는 다시 한 번 코로나19로 인한 강제적 휴식이 가져온 인공위성사진에 주목하지 않을 수 없다. 지구를 쉬게 하는 일, 그게 우리가 지금 할 수 있는 최선의 길임을 암시하는 신의 시그널이 아닐까? 이미 성경의 창세기에서 '쉬는 일'의 중요성을 여러 번 강조하고 있지 않은가?

"너는 여섯 해 동안은 너의 땅에 파종하여 그 소산을 거두고, 제 칠년에는 갈지 말고 묵혀두어서 네 백성의 가난한 자로 먹게 하라. 그 남은 것은 들짐승이 먹으리라. 너의 포도원과 감람원도 그리할지니라. 너는 육일 동안에 네 일을 하고 제 칠일에는 쉬라. 네 소와 나귀가 쉴 것이며 네 계집종의 자식과 나그네가 숨을 돌리리라."
  ― (출애굽기 제23장 10~12절)

"너희는 오십 년째 해를 거룩하게 하여 그 땅에 있는 모든 주민을 위하여 자유를 공포하라. 이 해는 너희에게 희년이니 너희는 각각 자기의 소유지로 돌아가며 각각 자기의 가족에게로 돌아갈지며, 그 오십 년째 해는 너희의 희년이니 너희는 파종하지 말며 스스로 난 것을 거두지 말며 가꾸지 아니한 포도를 거두지 말라."

― (레위기 25장 10~11절)

이러한 신의 명령을 오로지 '신 자신을 기억하고 예배하라'는 측면만 강조한 신의 말을 맡은 자들의 왜곡으로 신의 본뜻이 제대로 지켜지지 않았지만, 이제는 그 본래의 취지에 감추어 있는 신의 지극하신 사랑에 우리의 눈과 마음을 돌릴 때가 된 것 같다. 예배에 참여하기보다 먼저 할 일이 형제간의 화해라고 하신 예수의 말대로, 인간의 형제들인 이 지상의 모든 존재들과 화해를 할 때다. 이 지구는, 온 인류는 물론, 존재하는 모든 생명체의 공동 소유인 공공재다. 내 것을 보고 내 것을 즐기는 게 정상인데, 언제부터인가 지구상에 금을 긋기 시작하면서 만물의 영장으로서의 금도를 잃어버렸다. 그 금 안에 있는 것만 제 것이라고 아끼고, 금 밖의 것들은 함부로 하면서, 전체를 보지도 못하고 즐기지도 못하는 고도근시에 색맹까지 되어버린 현실을 직시할 때다.

금 하나만 지우면 전체를 향유할 수 있는 권리를 가진다. 이제는 스스로 좁은 금 안으로 들어가 닫아건 문을 열 때가 되었다. 그리고 화해의 의식으로, 지금까지 우리가 뭇 생명에게 저질러온 잘못에 대하여 살풀이굿이라도 하면서 참회의 술이라도 한 잔 올리고 용서를 구할 차례다. 무엇보다도 더 소중하게 지켜야 할 소명은, 이제부터는 너무 부지런떨지 말고 제발 좀 쉬어가며 살라는 명령이다.

진혼주

바람 부는 날 치악산 정상이나
눈비 오는 섬강 남한강 합수머리쯤에서, 아들아
술 한 잔 올려라.
초헌, 아헌, 종헌, 제관祭官 갖추어
잘난 사람들 외고패고 하는, 실상은
제 이름 앞에 헌주하는 그런 술이 아니라
네 가장 원통했던 가슴 한 자락 저며 넣고
억울해 죽을 것 같았던 순간들의 눈물 불러 빚은
막걸리 한 잔
바람결에 싣고, 빗물에 섞어, 더 높이, 더 멀리
영문도 모르고 이승의 경계를 벗어나버린
뭇 생명들 앞에
내 가고난 뒤 날 찾아와서 올리듯, 그렇게 올려라.
대청소 빗자루 끝에 죽어간 거미들
사냥개 멧돼지 싸움 등살에 압살당한 풍뎅이, 굼벵이
4대강 공사판에 말라 죽은 도롱뇽, 맹꽁이

미사일, 장사정포 장난에 폭살당한 물고기들
무슨무슨 군사훈련에 애매히 숨진 들쥐, 고라니
가해의 감각도 피해의 의식도 없는
아무도 눈여겨보지 못한 주검들 앞에, 아들아
되도록 큰 사발 가득
술 한 잔 올려라. 그리고
네 걷는 발밑, 한눈팔지 말거라.

길 찾기

 중소도시의 교외라는 정주 여건이 혼란스러울 때가 있다. 대중교통을 이용하자니 상당한 거리를 걸어서 다녀야 하는 어려움이 있고, 드문드문 있는 배차간격에 맞추는 일도 여간 신경이 쓰이는 일이 아니다. 집에서부터 차를 탈 때까지 조마조마함과 지루함을 반복하는 시간의 무잡성無雜性을 견뎌내는 일이 쉽지 않다. 내게 남아있는 게 시간뿐인데도 아무 일 없이 무언가를 기다리는 시간을 참아내는 일은 힘들다. 그래서 일부러 운동 삼아 걸어볼 양이 아니면 차를 가지고 다닌다. 다녀보면 아무리 궁벽한 시골길이라도 어지간하면 포장이 잘 되어 있어 쾌적한 드라이브를 즐길 수 있다. 그만큼 우리네 도로사정이 좋아진 것은 사실이다.

그런데 여기까지다. 막상 산책이라도 할 작정으로 집을 나서면, 사람 다니는 길이 없다. 길은 모두 차를 위해 만든 길이지 사람 다니라고 만든 길은 없다. 차도車道 옆으로 보도步道가 그 야윈 몸피로 누워 있지만 한가하게 홀로 있는 경우는 드물다. 쓰임새 벗어던진 건축자재를 안고 있기도 하고, 철 지난 농자재를 짊어진 채 너부러져 있어, 사람을 맞아야 할 본분은 까맣게 잊어버린 모습이다. 그래도 보도가 딸린 차도는 나은 편이다. 대부분의 차도에는 보도가 딸려 있지 않다. 길을 가다보면 길의 주인인 차들이 왜 사람이 들어와 방해를 하느냐는 듯 경적을 울리며 비켜서라고 위협을 하거나, 되레 속력을 더하여 먼지구름을 덮어씌우고 가기 일쑤다. 서풍마저 거들며 황사를 날리는 통에 발길을 돌린다.

세상엔 길을 찾아주고, 그 길을 안내해주겠다는 사람들이 많다. 책방에라도 들르면 맨 앞자리에 앉아 사람들을 유혹하는 책들이 모두 이런 유의 처세술, 성공의 비법을 알려준다는 내용이다. 목사, 스님들조차 연예프로그램에 나와 잘사는 길, 행복하게 사는 길을 싸구려로 방매放賣하고 있다. 모임을 만들고, 학원이 생기고, 수요강좌, 목요강좌, 행복팔이 난장은 날로 늘어나는데 정작 행복한 사람들은 잘 보이지 않는다. "천국이 여기 있다 저기 있다 하지 말라. 천국은 네 안에, 네 주머니 속 신용카드 안에 있다."고 한창 열을 올리고 있는 종교꾼들을 만나는 일은 별로 드문 일이 아니다. 그쯤에서 그친다면 그래도 참아가며 구경이나 하겠는데, 더욱 씁쓸한 장면은 그래서 얻은 부당한 이익의 분배를 둘러싸고 제 패거리끼리 다투는 꼴이다. 절집에서도, 덕산德山의 봉棒이나 임제臨濟의 할喝로 익힌 솜씨가 내면화된 탓인지 여차하면 몽둥이와 고성이 난무하고, 예배당이 싸움판이 되는 현실은 흔히 보아온 일이다. 타인의 마음을 산다는 것 자체가 속임수이고, 얼마나 많은 대중을 그럴 듯하게 속이느냐가 민주주의 방식의 선거 결과라면, 그 속임수, 홍보의 전략을 일방적으로 나무랄 수야 없겠지만, 이 길도 결코 마음 놓고 걸어볼 만한 길은 아니라는 게 자명하다.

"길을 길이라고 말하면 늘 그러한 길이 아니다.[道可道非常道]" "내가 곧 길이요 진리요 생명이니" 하고 다시 다른 길을 걸어보라고 권하는 말씀들이 있다. 우리에게 길은 늘 과정이라는 인식으로 다가온다. 그러나 이 두 분의 말씀은, 길은 과정이 아니라 목적이라고, 궁극이라고 가르친다. 그래서 길을 길이라고 하면 이미 길이 아니라는 말이 설득력을 얻는다. 예수는 자신이 닦아놓은 길을 통해 공짜로 하늘나라에 가라고 가르치지 않았다. 예수 자신이 걸은 길이 곧 진리요 생명이라고, 말구유에서 십자가까지 걸었던 그 길이 궁극이라고, 그 길을 가고자 하는 자가 스스로 닦은 제 길을 따라 찾아갈 목적지가 바로 예수 자신인 길이라고 넌지시 일러준다. 여기서 또 한 번 우리는 길을 잃어버리고 만다.

애초부터 길은 없었다는 말이다. 같은 시공을 살아가는 사람들끼리 함께 길을 닦아가며 나아가는 과정의 길이 우리가 밟아나갈 길이요, 그래서 찾아가 닿는 길이 노자의 길이요, 예수의 길인 셈이다. 한 사람이라도 낙오가 되면 모두가 목적지에 갈 수 없는 길, 그 길이 우리가 지나갈 길이다. 이 세상의 길은 혼자 갈 수 있는 길이 아닌 것이다. 건강하다고 앞서 갈 수도, 돈이 많다고 좋은 교통수단을 사서 혼자 타고갈 수도 없는, 닦이지 않은 원초의 숲을 헤치고 함께 만들면서 가는 길이기 때문이다.

세상을 둘러보라. 함께 가야 할 사람들이 보일 것이다. 지하도 바닥에 즐비하게 누워 있는 노숙자들, 좁은 합숙소에 모여 고국의 가족들과 화상전화로 눈물샘을 자아올리고 있는 외국인 노동자들, 세상의 끝자락에 버려져 하직할 날만 셈하고 있는 독거노인들, 팽목항을 찾아 멀리 바다만 넋 놓고 바라보다 돌아서는 일군의 엄마아빠들….

"누가 네 이웃이냐?"

"누가 네 길동무냐?"

답이 없다.

길이 없다-길14

집을 나섰다, 모처럼 좀 걸어볼 양으로.
차들이 지날 때마다 멈추기를 거듭하고
새로 심은 벚나무 가로수 더불어 기침을 하다가
걷기 양식樣式도 너무 낡았구나, 돌아선다.
고속도로, 자동차전용도로, 일반국도
찻길은 많은데 정작
사람 다닐 만한 길은 없다.

책방이라도 가면 길이 있을까. 수많은 책들을 뒤져도
파란 얼굴의 세종대왕을 제친 노란 사임당 따라가는 길
금배지, 휘장들이 떼 지어 오는 길만 줄줄이 외고,
절집이나 예배당을 찾아도, 임박한
활강 준비에 바쁘신
도솔천 부처나 하나님 우편의 예수 앞에 꾸벅꾸벅
시주랑 헌금이나 적립하면 될 뿐
부처나 예수가 사람의 아들들로서 걸은 그 길, 허덕지덕
따라가지 않아도 된다는
과잉친절만 넘쳐난다.

길이 없다, 휘적휘적
이웃 동네 친구 찾아가거나

읍내 장보러 동네사람 어울려 사이좋게 걷던 길이.
여유 있는 사람들 일부러 찾아가는
올레길, 둘레길
그런 길 말고.

그만의 길

나는 예수를 주님으로 모시고 살아가기로 한 그리스도의 사람이다. 내가 속한 종교를 무턱대고 자랑할 생각도 없지만, 그로 인하여 부끄럽다는 생각을 해본 일도 없다. 흔히 어느 개인의 일탈된 행동으로 교계 전체가 비난받는 경우들이 있을 때, 그 비난의 현장에 있는 불편함이 곤혹스럽긴 해도, 내 정체성을 부인해본 적은 없다. 그 화제를 주도적으로 이끌고 있는 사람이 직장의 상사나, 거부할 수 없는 사회적 지위에 있는 사람일지라도 나는 내 소신을 굽히지는 않았다. 그런데 정작 교회 안으로 들어오면 또 다른 적의가 나를 벼랑으로 내몰고 있음을 체감한다. 모태신앙이 아니고, 성년이 된 이후에 예수를 만난 터라, 어릴 때부터 습관화된 종교행위를 따라가는 데는 늘 한계를 느낀다. 전도, 봉사, 헌금, 기도, 어느 하나 믿음 좋은 교우들의 눈에는 부족한 것뿐이다. 그 중에 헌금은 그런 대로 십일조 생활을 충실히 하고, 때때로 감사헌금도 남들 하는 만큼 하는 편이지만, 나머지는 내가 생각해도, 낙제점은 너무하지 않느냐고 항변할 처지가 못 되는 게 사실이다.

전도만 해도 그렇다. "예수 천당, 불신 지옥"을 외치며 거리에 나설 비위도 없고, '내가 예수와 함께 그의 길을 충실히 걸어감으로써, 나를 보고 그 길이 진리요 생명이라고 감동한 사람들이 동참하는' 전도를 하겠다는 내 결의도, 현재는 물론 장래에도 허물 많은 내 인간적인 결함으로 보아 희망사항 자체로 머물 것 같고, 한 해에 1,000명씩, 2,000명씩 전도를 했다는 간증 앞에 처진 어깻죽지만 더 허물어질 뿐이다.

몸으로 하는 일에 서툴고, 무엇 하나 잘할 만한 손재주도 갖지 못한 데다, 살가운 구석이라고는 눈을 씻고 찾아보아도 찾을 수 없는 성격이라, 봉사의 자리마저 은혜충만한 권사, 집사들 틈새로 파고들 여지가 없다.

기도만큼은 내 나름 열심히 골방에 들어가 하나님 앞에 떼를 쓰기도 하고, 이해를 구하기도 하면서 어지간히 내통을 하는 편인데, 정작 대중들과 함께하는 통성기도에 임하면 할 말조차 막혀버리고 남들 떠드는 소리만 소음처럼 귓가에 울려온다. 우선 호칭부터 마음에 들지 않는다. 무슨 수식어가 그리 많은지, 하나님 앞에 붙는 수식어처럼 내 앞에 와서 화려한 수식어로 치장한 '아버지'를 부르는 아들이 있다면 낯이 간지러워 돌아앉을 것 같다. 특히 "살아계신 아버지 하나님" 쯤에 이르면, 하나님 죽으시라고 치성이라도 드리는 말로 들린다. 서양의 한 철학자가 신은 죽었다고 선언했지만, 하나님이 어디 죽고 사는 존재인가? 신적 존재의 무한성이 그렇게도 의심스러워 그 앞에 나갈 때마다 '살아계신' 확인이라도 해야 한다면 이미 하나님조차 유한한 세계로 끌어내려서 자신의 보디가드로 삼고 있음을 의심하게 하는 나의 독법은 지나친 과잉반응에서 오는 오독의 결과일까?

하나님을 모시고 나누는 대화의 말들이 최상의 언어로 장식되어야 함은 당연하지만, 그렇다고 우리의 일상 언어의 함의를 왜곡하거나 배제하는 데까지 미치지는 않아야 한다는 생각이다. 약속된 일상어의 개념체제를 떠나서는 하나님과의 관계일망정 의사소통이 되지 않을 것이라는 외람된 지레짐작 때문이다.

예수를 따르기로 하고, 가던 길을 돌아선 이상, 세상의 것들이 아무리 좋게 보일망정 다시 그걸 갖고 싶다고, 떠나온 그곳으로 돌아가게 해주시면 안 되겠느냐고 염치없이 하나님께 떼를 쓰지도 못한다. 그런 내용 다 제하고

나면 아뢸 말도 별로 없어, 그저 하루를 지내며 겪은, 바쁜 일도 없이 교통법규를 세 번씩이나 위반했던 일, 도와주고 싶은 사람이 있었는데 주머니가 비어 도와주지 못해 속상했던 일, 아들한테 예기치 않게 용돈을 받아 기분이 좋았던 일, 내가 의도하지 않은 일인데 곡해한 사람이 섭섭한 말을 했다는 말을 전해 듣고 억울했던 일, 조금만 불편한 순간을 참았으면 될 일인데 생각 없이 성급하게 화만 낸 일, 이런저런 사랑하고 미워했던 사연들 시시콜콜 고해바치는 게 내 기도의 방식이다. 그러다가 더 할 말이 없을 때는, 그냥 '아버지!'하고 불러놓고 마냥 마주앉아 있을 뿐이다. 신실하고 은혜 충만한 성도들의 기도에 비하면, 내 기도는 기도 축에도 미치지 못할지 모른다. 설령 그렇다고 하더라도 나는 저 도취와 흥분의 황홀경 속으로 들어가기에는 모든 점에서 미숙하고, 아예 그럴 의도도 없는 이른바 3등 신자 축에서도 저 아랫질에 속하는 존재다.

예수 따라 가기, 말구유에서 십자가까지의 그 길을 함께 걸어가기가 내게 주어진 이 땅에서의 사명임은 나도 잘 안다. 그러나 정작 그 길에 나서는 순간 길은 사라지고 짙은 안개 속에서 들려오는 군중의 알 수 없는 부르짖음만 이명처럼 귓속을 어지럽게 한다. 당혹스러워 어쩔 줄 모르고 멍하니 하늘만 바라보고 있는 순간, 미세하게 들리는 부드러운 목소리가 있다.

"왜 하늘만 바라보고 섰느냐?"
"주님, 제가 길을 잃었습니다."
"길은 네 앞에 있다. 이제는 나를 따라 십자가까지 가서 죽으려고 애쓸 필요는 없다. 네가 선 자리가 네 십자가의 자리니라. 내 길은 멀리 있는 게 아니라, 네가 그 자리에서 먹고 마시며 옆에 있는 사람들과 함께 네게 준 일상을 너답게 사는 일, 그게 바로 나의 길이고 또한 너의 길이니라." 자상하시고 친절하신 이 말에도 나는 긴가민가 길 복판에 서서 내 길의 방향을 아직 헤아리지 못하고 있다.

기도 — 예수 단상斷想 1

갈수록 기도하는 일이 힘들다.

돌아서서 떠나온 거기 되돌아보지 않고
버리고 온 것들 생각나지 않게 해달라고 조르다가
거기 있는 것 좀 더 주시면 안 되겠느냐고 떼쓸 염치도 없고
구체화 되지 않은 감사의 기도마저 건성인가 하면
손은 아껴 두고, 가슴도 열지 못한 채
삼동 해거름 기우는 햇볕만한 다사로움도 없이 드리는
중보의 기도에도 지쳐버렸다.
말씀 드리지 않아도 내 속 다 아시는 그 분 앞에

아닌 채 모른 채 위장하지도 못해, 생전의
늙으신 아버지 앞에서 했던 대로
하루 종일 내가 한 일 보고 들은 일 시시콜콜 고해바치다가
'아버지' 불러 놓고
긴 침묵 속에 마주 앉아 있기 일쑤다.

주변의 이름난 기도의 용사라는 분들한테
그게 무슨 기도냐고
뒤통수라도 한 대 얻어맞을 일이지만.

그렇다. 어제도 내일도 아닌 오늘을, 초라하면 초라한 대로, 불편하면 불편한 대로 이웃과 오손도손 사는 일, 그의 길은 이렇게 소박하고 평범한 길일 거라는 믿음이다. 설령 이후에 하늘나라에 가서 핀잔을 듣더라도 내 깜냥대로 버릇없는 응석도 부리고, 아버지·어머니 살아계실 때 하듯 아침저녁 문안인사 끝에 끼니 거르지 마시라고 참견도 하면서, 타인의 시선을 의식하지 않고 내 갈 길을 이대로 쭉 걸어갈 요량이다.

삼등 신자 ― 예수 단상斷想 2

예배당 문턱 넘나던 지 50여 년
나는 아직도
금요일 철야徹夜 기도회가 어색하고
목청 돋워 부르짖는 통성기도가 민망하다.

묵직한 결단 대신
추임새가 되어버린 '아멘'에 서툴고
몇 백 명, 몇 천 명, 전도자의 간증에 주눅이 든다.
산生다는 것은
남의 시선을 사買고, 입술을 사고, 마음을 사는 일인데
몸짓으로 하는 사랑의 표현에 약하고
듣기 좋은 말에 인색한 강퍅한 습벽

이 땅에서 익힌 습성 그대로의 영혼이
하늘나라에 가는 것이라면, 아무래도 나는
그곳에서도 삼등 신자로 만족해야 할 것 같다.

사랑이야기

너무 흔해서 진부한 이야기가 사랑에 관련한 이야기다. 사랑을 정의하고, 범주화하여 분류하고, 그 속성들을 재해석하는 일들은 인류의 역사와 함께 시작하여 지금도 거듭하고 있는 단골 주제다. 아무튼 사랑이라고 하면, 혈연으로 인한 생래적인 관계에서 본능적으로 유발되는 감정이나, 존재의 궁극인 신적권위에 대하여 갖는 외경이나 의무감 같은 의제된 사랑보다는, 남녀 사이의 서로를 향한 갈망에서 그 진정한 실체를 톺아보아야 할 것 같다.

우리의 언어가 유사개념을 분석적으로 다루지 않고, 한데로 묶어 하나로 통괄하는 통전적統全的 구조인 탓에 '사랑'이라는 말로 표현하는 모든 국면의 함의가 같을 수는 없다. 다만 지금 통용되고 있는 언어 환경에서의 '사랑'에 가장 근접한 의미는 남녀 사이의 사랑일 것이다. "어름 위에 댓잎자리 보아, 님과 내가 얼어 죽을망정, 정 둔 오늘밤 더디 새오시라……남산에 자리 보아 옥산을 베고 누워 금수산 이불 안에 사향각시를 안고 누워 약 든 가슴을 맞춥시다." 고려시대의 속요 「만전춘별사滿殿春別詞」가 웅변하듯 육신의 접촉이라는 감각적인 집착과 쾌락을 지향한다는 의미에서 다른 사랑과는 그 개념의 색깔을 달리한다. 하나님도 '눈이 있어도 보지 못하고, 귀가 있어도 듣지 못하는' 인간이 알아들을 수 있도록, 피조물에 대한 지극한 사랑의 감정을 남녀의 사랑에 빗대어 피력하고 있지 않았던가? "내 사랑 너는 어여쁘고도 어여쁘다. 너울 속에 있는 네 눈이 비둘기 같고, 네 머리카락은 길르앗 산기슭에 누운 염소 떼 같구나.…네 두 유방은 백합화 가운데서 꼴을 먹는 쌍태 어린 사슴 같구나. 날이 저물고 그림자가 사라지기 전에 내가 몰약 산과 유향의 작은 산으로 가리라."(아가서 4장 1, 5, 6절) 그래서 유사 이래 가장 탁월했던 사랑의 고백인 "내 뼈 중의 뼈요, 살 중의 살"이라는 아담의 시어詩語가 남자와 여자가 있는 곳이면 시간과 장소를 가리지 않고 반복되는 고백의 주제어가 되고 있지 않은가?

해바라기―사랑 이야기

장마도 지나갔다는데
비오다 햇볕 쬐다
날씨마저 항심恒心을 잃은 하루
보고 싶은 내 마음도
소나기로 퍼붓다가 석양으로 잦아드네.
아, 이 그리움
갈비뼈를 뽑던 날
하나님은 짐작이나 하셨을까.

젊은 날 열병 한 번쯤 치르지 않은 사람이 있을까? 만나고 싶을 때는 언제나 만날 수 있는 사이에는 긴장감이 떨어진다. 그리움은 늘 거리나 시간의 간격에 비례하여 부풀고, 그 팽만의 긴장을 자학自虐하게 하는 침묵의 훈련을 요구하기 마련이다.

시외전화라는 비싼 요금을 내면서도, 미리 신청을 한 뒤, 전화국 교환대에서 연결해 줄 때까지 몇 시간씩 기다리던 때를 요즘의 젊은이들이 상상이나 할까? 연결된 전화소리마저 지금처럼 명료하게 들리는 경우가 흔치 않아 은밀한 두 사람 사이의, 그야말로 은밀해야 할 대화는커녕 일상의 안부조차 제대로 전하지 못하고 끝낼 때도 많았다. 그래서 더욱 간절했던 시절을 돌아보면, 결핍이 더욱 풍성한 열락의 모태가 아니었을까 하는 생각도 해보게 된다. 비포장 국도의 덜커덩거리는 시외버스 뒷좌석 좁은 틈새에서의 달콤한 사람 냄새가 실은 땀내 찌든 역겨운 체취였다는 훗날의 자각만큼 후각조차 왜곡을 일삼던 시절의 이야기다. 하지만 감각이 주도하는 사랑은 함께 지피는 불이 아니면 온도의 평행을 유지할 수 없는 탓에, 또 다른 우여곡절을 겪지 않을 수 없다.

사실 사랑의 지순성至純性을 찬미하고 정절의 지고至高함을 신적인 숭배의 자리에까지 끌어올린 일은 수컷들의 독점욕이 자행한 폭력의 산물이다. 본능이 지배하는 성性과 이성의 영토에 거주하는 성聖은 한자리에 앉을 수 없는 이질적인 개념의 실체다. 그럼에도 불구하고 혈통의 순수성을 지키고 안정적인 사회를 유지하기 위해서는 어떤 형태로든 질서의 체계를 만들어야 하고, 그 질서의 지속을 방해되는 요소들을 제거해야 한다. 그렇게 다듬어져온 결과물이 오늘 우리 앞에 전개되는 세계의 실상이다.

검정물잠자리나 상어, 바위종다리의 세계에서도 수컷들이 자신의 유전자를 지키려는 눈물겨운 투쟁을 하고 있다는 이야기를 어디선가 읽은 적이 있다. 인간만이 배우자의 도둑 교미kleptogamy를 경계하고 있는 존재가 아니라는 얘기다. 다행인 것은 인간만이 전두엽을 가진 존재로서 몸이 아닌 두뇌로 사랑을 나눌 수 있다는 과학적 증언이 있다는 사실이다. 또한 동물적인 단순한 사랑의 행위에서 신적인 사랑의 사유까지 폭넓은 사랑을 누릴 수 있기 때문에 인간은 예측 불가능한 존재이기도 하다.

"가시리 가시리잇고 버리고 가시리잇고 날러는 어찌 살라하고 버리고 가시리잇고" 가는 임의 변심에 원망과 하소연을 섞어 눈물의 효용을 기대하기도 하고, "만두가게에 만두 사러 간즉슨 회회아비 내 손목을 쥐었더이다 이 소문이 가게 밖으로 퍼지면 조그마한 새끼광대 네 말이라 하리라" 스스로 다른 불을 지피러 밀행의 모험에 나서기도 하는 게 사랑의 이면에 새겨진 본모습이다.

그리스신화나 트로이의 전쟁에서부터 지금 이 땅에 벌어지고 있는 사건들까지, 역사의 현장에서 한 번도 사라져본 적 없는 남녀의 사랑 문제는 뜨거우면 뜨거울수록 쉽게 식기도 하는 감각적 욕망의 가변성 때문에 여러 가지 변양變樣으로 지속되고 있다. 오늘 헤어진 사랑 때문에 한강다리를 찾았다가도, 내일 또 다른 사랑과 함께 남산을 오를 수 있는 망각이라는 은혜의 바다가 있기 때문에 지금까지 인류가 존속해온 것이라면 너무 옆으로 나가버린 궤변일까?

춘향이도 사랑을 했고, 황진이도 사랑을 했다. 누구의 사랑이 더 좋고, 더 옳은 지의 판단은 사람마다 다를 수 있을 것이다. 나같이 아둔한 사람은 둘 다 옳고, 둘 다 좋은 것 같아서 다른 사람들 눈치만 보며 따라가지만. 내일의 사랑에 확신을 갖지 못하면서도 오늘의 사랑을 포기

할 수 없는 인간의 숙명. 그래서 다 늙은 지금도 나는 사랑타령을 할 수 있는지 모른다. 카르페 디엠carpe diem!

연꽃—사랑 이야기

한밤인 줄 알고 가슴 닫고 있었습니다.
새벽부터 불어 닥친 폭풍우에
날 새는 줄도 몰랐습니다.
이제는 낮이라고 살며시 찾아와 속삭이던
다사로운 바람 한 줄기에
연꽃 피듯 연꽃 피듯
나도 몰래 가슴 활짝 열었습니다.

사랑하는 사람이여, 이 가슴
이제는 해질 때까지 닫을 수도 없는데
때 늦게 활짝 핀 연꽃 한 송이
어찌 품어 가꾸시려오.

덤과 에누리

 만드는 자의 의도 없이 만들어진 물건은 없다. 무엇을 만들든 그 제작자는 어떤 용도나 목적을 먼저 고려하여 그 형상을 만든다. 신문은 불특정 다수의 독자들에게 새로운 들을거리를 제공하기 위하여 만들어진 매체다. 그런데 신문만큼 단명한 제작물도 그리 흔치 않다. 새로운 소식을 신속하게 전한다는 측면에서는, 실시간으로 보도되는 방송매체가 볼거리 들을거리 다 퍼뜨리고 설쳐대는 요즘의 추세로 보아, 다음 신문이 배달될 때까지의 그 일생인 하루가 오히려 너무 긴 시간이라는 해석도 있을 법하다. 그럼에도 불구하고 종이에 기록된 것에 더 많은 신뢰감을 갖는 오랜 숙습으로 신문이 전하는 소식을 기다리는 사람을 위해 오늘도 신문이 배달된다.

독자의 알고자 하는 욕구에 따라 일부는 읽히고, 일부는 외면당한 채 신문의 일생은 끝나고, 덤으로 신문지의 일생이 시작된다. 종이가 귀하던 예전에는 토방 벽의 도배지가 되기도 하고, 온갖 일상용품의 포장지나 덮개로 변신하기도 하다가, 외진 뒷간에서 화장지노릇을 하기까지 날개 없는 추락을 지속할 때도 많았다. 요즘은 대부분 재활용 폐지의 손수레에 실려 또 다른 부활의 날을 기약하기도 하지만, 더러는 예전의 용도를 답습하다가 거리의 외진 길가에 버려지기도 한다. 거대기업이 된 신문사의 수천 수백의 기자와 사원들이 피땀으로 만든 신문이라고 생각하면 그 의도대로의 당당한 삶은 영롱한 아침이슬만큼 순간적이다가 오히려 예상치 못한 긴 여분의 삶으로 일그러지는 게 현실이다.

만물의 영장이라는 인간은 얼마나 자주적인 생의 존재일까? 태초에 아담으로부터 시작된 그 창조의 사연을 믿는다면, 인간은 각자 자신만이 잘 할 수 있는 일을 하면서 이 땅에서의 여행을 즐기라는 명령을 실행하는 존재다. 생명이라는 말이 주체적으로 쓰일 때는, 살아서 숨쉬고 활동할 수 있게 하는 힘이라고 풀이할 수 있지만, 빈사賓辭로 쓰일 때는 '살아가라는 명령'으로 읽을 수 있다. 본래 命이라는 글자는 口와 令의 회의자會意字다. 命

은 사람이 꿇어앉아[卩 —꿇어앉을 跪자의 원시형태] 명령[口]을 듣는다는 함의의 글자다. 모든 개별존재는 태어날 때부터 이미 부여받은 자신만의 자질대로 잘 살아보라는 명령을 받고 이 세상에 나온 존재라는 뜻이다. 그런데 그 자질이 무엇인지는 스스로 살아가면서 터득하도록 자유의지에 맡겨버린 그 숨은 뜻이 문제다.

지구상의 모든 생물은 그 있음의 자리에서 성장하여 종족을 보전하라는 명령을 충실히 이행하고 있다. 다만 인간만이 그 생존본능만이 아닌, 창조주를 대신하여 만물을 다스리는 자로서의 책무를 수행하라는 특별한 명령을 받은 이중적 명령의 수행자다. 그러나 정작 본인은 그 명령의 실체를 잘 모른다. 자신만이 가장 잘할 수 있고, 가장 즐겁게 할 수 있는 일을 선험적으로 인식할 수 없을 때 절실한 도움의 손길이 교육의 역할이다. 교육이 원래 회초리 들고 하는 강제의 의미가 강해서—敎는 손에 회초리를 잡고[攵] 아이[子]에게 효爻를 가르친다는 형성자다—사물이나 현상의 있는 그대로를 보도록 하는 게 아니라, 좋은 것만 보게 하는 조작과 착시의 훈련 덕분에 오히려 개인의 재능이나 소질을 길러주기보다는 변질이나 억제로 더욱 혼미하게 하는 일이 많은 게 현실이다.

자기 안에 들어온 타인으로 살아가기가 교육의 실체라면 인간은 얼마나 허무한 존재인가? 공교육보다는 사교육의 위세가 더 강해진 이즈음의 우리 교육현장에도 변화의 바람이 불 때가 되었다. 취학연령도 낮추고, 학제도 개편하여 우리만의 자주적인 교육현장을 정립하여야 할 때다. 정치의 편의성이 교육까지 지배해서는 안 된다는 측면에서 이 사회에 만연한 편 가르기 정서가 교육의 문제까지 혼란스럽게 하지 말았으면 하는 생각이다. 사람마다 타고난 각자의 소질을 찾아내고, 가장 그다운 삶을 살아갈 수 있는 훈련의 현장이 학교가 되어야 할 것이다. 제 삶의 현실적 주체로 사는 삶을 배우고, 끝까지 그 배운 대로 제 있을 자리에서 당당할 수 있는 인격체로 성숙해 가는 우리의 손자손녀들을 보고 싶지 않은가?

이제는 나도 무대에서의 퇴장을 생각할 나이에 이르렀다. 이미 일선의 현직에서 물러날 때부터 용도가 폐기된 덤으로 사는 편이라는 말이 정확한 내 존재의 술어가 될 듯하다. 아무리 에누리를 해도 주역으로 연기할 마당이 없는 단역이 퇴장하는 데는 군시러운 수사를 요하지 않는다. 주역의 퇴장은 곧 연극의 종말을 의미하지만 단역은 언제 퇴장하더라도 무대 위에서 전개되는 극의 흐름에 아무런 지장이 없다. 뒷산 억새가 언제, 시들 때 시든다고, 새잎 돋을 때 잎 돋는다고 외고패고 인사 한 번 한 일이 있었던가? 때 되면 가고, 또 때가 가다보면 잊어지는 게 세상이 존재하는 방식이다.

에누리를 한다는 건 내 값을 깎는 일이기도 하지만,

누군가를 용서하거나 사정을 보아주는 일이기도 하다. 제 가진 것의 실체도 모르는데 사람들은 자꾸만 비우라 하고, 내려놓으라고 한다. 아무리 내가 나를 훑어보아도 가진 게 별로 없다. '둘만 낳아 잘 키우자'는 유혹에 넘어가 종족을 불리는 일도 제대로 못했다. 그래도 버릴 게 있다면 아직도 소중한 보물 다루듯 가끔씩 꺼내보곤 하는 내 젊은 날의 노랫가락이 아닐까? 그마저 버릴 때는 내 덤의 삶도 함께 버리는 날이 될 것이다. 누가 뭐라고 하든, 나는 내 방식으로 에누리나 거듭하며 그날을 향해 무대 뒤쪽으로 슬슬 뒷걸음질이나 할 나름이다.

우두커니 ─ 적跡, 적迹 그리고 적寂 14

헌 신문지가 비에 젖는다.
공원 장의자 한켠
하고 싶었던 말도 다 읽히지 못하고
무엇인가의 덮개가 되었다가
포장지로 접힌 자국 그대로
비를 맞고 있다.

덥지도 춥지도 않은 초가을 저녁답
늦장마 틈새로 얼굴 내민 해 따라 나왔다가
웃비 만난 이웃집 김씨

일곱 남매 잘 키워 제몫들 잘 하고 있다고
입만 열면 아들딸 자랑인 김 노인이 황급히
욋비 피해 들어간 느티나무 아래에서
비 맞은 헌 신문지로
후줄근히 젖어 있다.

하늘은 온 세상을 포장하는 중이다. 차라리
아무 소리도 없는 편이 나을 거라고
새들도 재갈을 먹었다.

아무것도
바뀐 건 없다.

집 방석 내지마라

동화골 – 동화리일기 1

강원도 원주시 문막읍 동화리 582번지의 3
예전에는 재 넘어 시내로 통하는 큰 도로가 있었다던 산골
사람들에게 시달리다 못해 몇 년째
강제 휴식의 잠만 자고 있는 한가로운 계곡, 동화골
어귀에 남은 삶 내려놓고
십년을 살아왔어도
나는 아직 여전한 이방인이다.

가끔 만나면 웃는 얼굴로 인사를 하고
연통이라도 있으면 경조사에도 참석하지만
특별할 것도 부끄러워할 것도 없이
하늘이 맑으면 웃고
뙤약볕 싫으면 느티나무 아래 웃통 벗는
평범한 일상에 뒤섞이는 일이
계곡물만큼 자연스럽지가 않다.

해마다 봄철이면 꽃집 순례를 하며
이런저런 야생화 골고루 사다 심어왔는데
먼저 터 잡은 꽃들이랑 잡초와 어울려
가는 뿌리 얽고 얇은 어깨 곁 주며
살아남는 놈 많지 않은 것도
주변머리 없는 주인 닮은 탓일까.

하늘과 땅은 한번도
스스로 경계 지은 일 없는데
가슴 빼곡히 금 그어놓고
실뿌리 하나 그 선을 넘지 못하게 하는
신의 형상 닮았다는 사람들, 허둥허둥
하룻길 제 삶만 서두르는 모습에 실망한 탓일까
석양은 발갛게 열 오른 얼굴을 하고
봄 가뭄 계곡물 밑바닥으로 잦아든다.

낯섦에 대한 두려움 같은 게 남보다 심한 탓일까, 아무리 소심하고 주변머리 없는 성격이라 하더라도 40~50년 한곳에 살았으면 친근해질 만도 한데, 마을사람들과 격의 없이 지내는 일은 잘 되지 않는다. 고향을 떠난 자로서의 향수 같은 진한 회고의 정서 때문에 현실적응이 잘 되지 않는다고 할 수도 있겠지만, 지금은 옛 향리를 찾아가도 낯선 얼굴들뿐이라 예전의 그 편안함이나 따뜻함이 느껴지지 않는다는 면에서는 쉽게 수긍할 수 없는 대목이다.

고향의 사전적 의미는, 태어나 자란 곳, 조상 대대로 살아온 곳, 마음속에 깊이 간직한 그립고 정든 곳, 그리고 어떤 사물이나 현상이 처음 생기거나 시작된 곳으로 정의 지어 있다. 그러고 보면 내가 태어난 함안, 자라난 김해, 조상대대로 살아온 진해 들이 모두 내 고향인 셈이다. 그런데 그 땅들의 현재는 아무런 그리움도 따뜻한 정도 남아 있지 않다. 조금이라도 그런 정을 느낀다면 그건 모두 시간의 저편에 관련된 그 땅들의 기억이다.

푸른 산 몇몇이 파란 강을 베고 누웠는데	數點青山枕碧湖
그대 말씀 이게 바로 진양도라고.	公言此是晉陽圖
물가에 초가집들 몇몇 알 만도한데	水邊草屋知多少
그 가운데 우리 집은 그리지도 않았구려.	中有吾家畵也無

고려 인종조 무신 정여령鄭與齡의 고향 진주를 그리는 사향시思鄕詩다. 인공위성지도를 보면서 북에 있는 고향 집을 그리워하는 우리 주변의 실향민들을 보는 듯한 절창이다. 한 고을의 큰 그림의 구도에서 어찌 자신의 미세한 집까지 그릴 수 있을까만, 혹시나 하는 마음에 위성사진을 살피는 사람들의 마음을 모를 바도 아니다. 그러나 몇 시간이면 가서 확인할 수 있는 내 고향에도 내가 자란 그 고향집은 없다. 그리고 보면 고향은 어떤 유형적 실체가 아니라, 가슴 속에 새긴 영원히 지워지지 않는 어떤 삽화 몇 조각으로 남는 관념의 실체에 지나지 않는 것 같다. 어쩌면 고향이 가진 구심력보다는 타향의 낯섦과 배타적 인심에서 오는 원심력 때문에 더욱 향수에 젖는 경향이 강하게 나타나는 것이 아닌가 싶다.

사람이 사는 일에는 장마철 개울물 휩쓸려 내려가듯 어우렁더우렁 함께 지나가기 어려운 물목들이 적지 않다. 거기서 혈연을 따라 가르고, 지연을 환기시키며 물러나게 하고, 학연을 핑계로 뒤돌려 세우는 일이 인습의 견고한 성벽을 구축하고 있다. 타향이라는 삶의 장이 이러한 물목에서의 갈등을 더욱 강화시키는 구도의 하나라는 데는 이견이 있을 수 없다. 평소에는 아무런 차별 없이 모두 좋은 관계를 맺고 있는 것 같다가도 어떤 다툼의 갈림길에서는 여지없이 들어나는 일이 이런 편가름의 구도다.

살다보면 경쟁의 국면을 형성하는 계기가 많이 있다. 이럴 때마다 정당한 심판보다는 이랬다저랬다 기준 없는 심판으로 1군에서 2군으로 강등된 어느 야구심판들처럼 한쪽에만 유리한 판정 때문에 눈물을 삼킨 적도 많았다. 프로크루스테스의 침대procrustean bed는 여기저기 있는데 나는 테세우스가 아니라서 늘 내 키를 늘리거나 움츠려야만 했다.

> 집 방석 내지마라 낙엽엔들 못 앉으랴
> 솔불 혀지 마라 어제 진 달 돋아온다
> 아이야, 박주산챌薄酒山菜망정 없다 말고 내여라.
> — 한호

> 늙어지니 벗이 없고 눈 어두워 글 못 볼새
> 고금 가곡을 모두어 쓰는 뜻은
> 여기나 흥을 부쳐서 소일코자 하노라.
> — 송계연월옹

예나 지금이나 늘그막의 삶은 다르지 않은 것 같다. 이젠 나도, 석봉이 굳이 앉을자리를 가려 찾지 않듯 고향이니 타향이니 하는 때늦은 신세타령은 그만두고 내 앞에 있는 현실을 즐겨야 할 때다. 이름도 남기지 않은 어떤 분처럼 그저 몇 자락 흥겨운 가락에 흥이나 부칠 일이다.

원주, 2007년

섬강도 치악산도 듣도 보도 못 하다가
전보명령 달랑 들고 주뼛주뼛 찾아든 땅
40년 세월 더불어 어느 덧에 고향이네.

사는 일 어느 하나 손쉬운 일 있었던가
치악을 우러르며 눈물짓기 몇 번인가
무어니 무어니 해도 사람 덧에 아팠니라.

험한 고비 부닥칠 땐 황당하기 가없지만
그 당장 지나고 보면 부질없는 집착인 걸
설움도 세월이 가면 그립기도 하더이다.

민들레꽃

 사람마다 생각하기 두려운 과거의 어느 시점 한둘이 가슴 속에 옹이 져 있는 건 아닐까? 내게도 그런 옹이 하나가 있다. 일흔 해 가까이 나는 그 옹이의 존재를 누구에게도 털어놓은 일이 없다. "그놈 있었으면 장가들 나이가 되었는데…" 불혹의 고개를 넘을 무렵, 어느 한가한 날 어머니와 함께 마시던 찻잔 사이로 혼잣말이듯 흘리시던 어머니의 마음속을 짐작하면서도, 묵혀온 그 아픔 증폭시킬까봐 딴청으로 모른 체했다.
 세월이 가면 지워지는 기억이 대부분이지만, 시간을 거슬러 더욱 선명해지는 기억도 있다. 앞뒤 좌우의 주변을 모두 지우고 그 핵심만 남아 옻칠한 장신구처럼 갈수록 반들거리는 영상으로 재현되는 옹이의 실체, 일찍 가버린 내 동생 태권泰權이 생각이 난다. 내 기억의 영상 속 나와 함께 노는 장면에서 뒤뚱거리며 뛰는 모습이 생생한 것으로 보아 그 애가 떠난 시점을 그 애 돌맞이 무렵쯤으로 짐작하고 있지만, 돌맞이 전인지 그 이후인지는 가물가물하다. 아무튼 그 애는 한동안 나로 하여금 학교에서 돌아오는 발걸음을 서둘게 했고, '응가'인지 '힝가'인지 분명하지 않은 발음으로 나를 부르며 다가와 안겨오는가 하면 뒤뚱뒤뚱 달아나기도 하면서, 내 손짓발짓 하나하나마다 웃기도 하고, 비명도 질러대던 무척 밝고 해맑은 애였다.

6·25전쟁의 막바지에 이른 무렵, 일거리를 찾아 부산과 마산을 전전하던 우리 가족은 지금은 부산시 서구 가락동으로 불리는 당시의 김해군 가락면으로 이사를 했다. 지금 한국농어촌공사가 있는 지점에서 시작되는 봉죽길을 따라 서낙동강의 물을 평야지대로 유입하는 하천조성공사를 시작하던 때라, 타지에서 일자리를 찾지 못하던 아버님이 막노동에 뛰어드신 참이었다. 집을 살 여유도 없는 터라, 세든 곳은 남의 집 헛간에 딸린 별채였던 기억이다. 할머니와 아버지, 어머니, 형과 작은누나까지 여섯 식구였는데, 그곳에 간 지 몇 달이 안 되어 동생이 태어났다. 큰누나, 형, 작은누나, 나, 이렇게 네 살 터울로 남녀를 섞바꾸어가며 출산을 하던 어머니가 나를 낳은 후 몸

상태가 좋지 않아 임신을 하지 못하시다가 중간에 하나쯤 걸러서—아마도 거르지 않았으면 예쁜 여동생이 하나 있었을 것 같다—낳은 동생이라 정확히는 아홉 살 터울이었던 것 같다. 그 긴 터울 덕에 나는 일곱 살까지 어머니 젖을 먹을 수 있었고, 막내 응석도 오래 할 수 있었던 셈이다. 그 당시의 우리 형편으로 변변한 돌잔치도 차릴 수 없어 내가 기억을 하지는 못한 것인지 모르겠지만 어쨌든 그 애의 돌을 전후한 무렵, 그 애가 앓기 시작했다. 무슨 돌림병이었든지 홍역 같은 것이었는지 내가 어려서 분명하게 알지는 못하지만 며칠을 심하게 앓은 것 같다. 그 때 가락에는 의원이 한 곳뿐이었는데, 병원에도 갈 형편이 못 되어 민간요법으로 며칠을 견디다가 마지막에야 그 의원을 찾았지만 결국 그 애를 잃고 말았다. 목월의 동생처럼 "형님"하고 부를 나이도 아닌 내 동생, 그들처럼 그 애에게는 하관이라는 절차도 주어지지 않은 채 서둘러 내 곁을 떠나보냈다.

棺이 내렸다./ 깊은 가슴 안에 밧줄로 달아 내리듯/ 주여,/ 용납하옵소서/ 머리맡에 성경을 얹어주고/ 나는 옷자락에 흙을 받아/ 좌르르 하직했다.// 그 후로/ 그를 꿈에서 만났다./ 턱이 긴 얼굴이 나를 돌아보고/ 兄님!/ 불렀다./ 오오냐, 나는 전신으로 대답했다./ 그래도 그는 못 들었으리라/ 이제/ 네 음성을/ 나만 듣는 여기는 눈과 비가 오는 세상.// 너는/ 어디로 갔느냐/

그 어질고 안쓰럽고 다정한 눈짓을 하고/ 형님! 부르는 목소리는 들리는데/ 내 목소리는 미치지 못하는/ 다만 여기는/ 열매가 떨어지면/ 툭 하는 소리가 들리는 세상.

—박목월 「하관下棺」

그 때 나는 가락초등학교 4학년에 편입하여 다니고 있었던 때라 어느 날 아침 늦잠을 자고 일어나 서둘러 학교에 가느라고 그 애를 보지도 않고 등교를 했다가 돌아와 보니 그 애가 없었다. 생각해보면 아침부터 나를 깨우지도 않았고, 아침밥도 누나가 대충 챙겨주어 이상한 낌새가 있었는데 서둘다보니 나만 까맣게 모르고 있었던 것이다. 그날따라 애가 아파서 잠을 설칠 것 같으니 할머니 방에 가서 형과 누나랑 자라고 하는 바람에 밤중에 생긴 일을 더욱 모르고 있었던 것 같다. 방에 들어가니 그 애 있던 자리가 말끔히 치워져 있어, 책가방을 던지자 말자 "엄마 태권이는…" 하는데, 어머니는 눈물만 지으시며 나를 꼭 껴안아준 뒤 아무 말씀도 없이 누나에게 눈짓을 해 나를 밖으로 데리고 나가도록 하셨다. 밖으로 나오자 누나도 눈물이 글썽한 채, "태권이 갔어. 이제부터는 엄마 앞에서 태권이 말은 하지 말아." 하는 다짐만 하고, 내 손을 꼭 잡고 마을길을 한참 걷다가 집으로 돌아왔다.

그 뒤에 안 사실은, 새벽녘에 그 애가 숨졌고, 그 새벽에 아버지가 그 애를 수습하여 뒷산에 매장을 한 것이었다. 당시만 해도 유아들이 사망한 경우는 정식으로 봉분을 만들거나 하지 않고, 마을마다 애장 터가 있어 그곳에 묻고, 산짐승의 해찰을 방지하기 위하여 돌을 쌓아 돌무덤을 만들던 때라 아버지 혼자서 그 애를 보낸 터였다. 나는 늘 아버지 어머니와 한방에서 지내는 터라 그날 밤에도 함께 자는데, 내가 잠든 줄 알고 어머니가 아버지께 그 애 묻은 곳을 묻고, 아버지께서 자세히 설명하는 말을 듣게 되었다. 그곳은 학교로 가는 지름길이 있는 오봉산 기슭으로 늘 다니는 길옆이라 나도 잘 아는 지점이었다. 그래서 다음날 아침 등굣길에 확인을 해보니 새로운 돌무덤이 하나 있었다. 아무도 알려주지 않았지만 그게 내 동생이 이사 간 곳이라는 것을 직감했다.

그날부터 하굣길에는 그곳에 들러 그 애와 놀아주기로 작정하고 한 주일에 두서너 번씩은 그 애 곁에서 한 시간 가량 앉아, 빌려온 이야기책도 읽어주고, 때로는 아무 말도 하지 않고 그 옆에 앉아 있다가 오기도 하면서 몇 달을 보낸 것 같다. 겨울철에는 잠시 둘러만 보았지만 가을까지는 늘 그 애를 보러 갔다. 그런 내 동정을 눈치채신 아버지가 가지 말라고 하시는데도 몰래 즐기는 어떤 오락처럼 그만두지 못하고, 대신 짧은 시간만 머물러 어른들의 걱정을 사는 일은 더 이상 없었다.

해가 바뀌고 봄이 온 어느 날 그 애에게 갔더니 돌무덤 엇놓은 갈래의 돌틈 사이에 민들레가 한 송이 활짝 웃고 있는데, 나는 그게 그 애의 웃는 모습이라고 확신하곤 그 꽃이 질 때까지 매일 찾아가 그 애를 얼러보기도 하고 들어주지 않는 이야기도 해주었다. 그러던 내가 스스로 생각해도 왜 민들레꽃이 진 다음에는 그곳에 발걸음을 끊었는지, 내 변심을 지금도 알 수가 없다. 그렇게 그 애와는 이별을 했다. 그 다음부터는 그 지름길 자체를 다니지 않았다.

해마다 집안 뜰에는 민들레가 핀다. 그 꽃이 피면 나는 동생을 본다. 1년쯤 막내의 자리를 양보하고도 좋았던 내 아우, 일찍 떠난 바람에 다시 막내로 돌아와 예전보다 더 진한 사랑의 즙을 맛보기도 했지만 늘 생각만 하면 눈물샘을 자극하는 그 애, 목월의 동생처럼 꿈속에 찾아와도 그 모습이 기억나지 않아 알아볼 수도 없을 것 같은 그 애, 철들고 한 번도 어머니 앞이나 형제들 앞에서 불러보지 않은 이름 태권이, 오늘만은 마음껏 불러보고 싶다.

"태권아, 이제는 만나도 이 형을 못 알아보겠지? 엄마 아빠 잘 모시고 있어. 이담에 만나면 재미난 이야기 많이 해줄게."

민들레꽃

동네 뒷산
산등성이 넘어 학교 가는 길 옆

애기들 무덤이 있었다.
봉분이라 할 것 없이
늑대나 여우들의 해찰을 피하기 위해
아무렇게나 쌓은 작은 돌무덤들

돌맞이 며칠 앞두고 이사 간
열 살 터울 진 내 동생 태권泰權이
주소도 문패도 없는
막돌로 지은 그 애의 새집을 찾아
하굣길 짬짬이 저물도록
함께 놀았다.

토끼 귀를 하고
혓바닥을 내밀며, 아무리 얼러보아도
웃어주지 않는 그 애가 야속해
나쁜 놈. 무정한 놈,
눈물 참고 돌아서던 어느 봄날
어르지도 않았는데
그 애가 환히 웃고 있었다.

성긴 돌 틈 사이로
천진한 그 애의 활짝 웃는 모습을 본 뒤
나는 일부러 먼 길을 돌아다니며

한 번도 그 애를 보러 가지 않았다.
해마다 봄만 되면 마당가에 찾아와
그 애는 깔깔거리고 있는데, 애써
못 본 척 외면하다
일흔 해만에 불러보는
내 동생 이름이
공익광고에서 듣는
아프리카 어느 가난한 나라 어린이 이름만큼
혓바닥에 거칠다.

제3부

산 가까이 다가가자 저녁그늘 더욱 짙고
서산에 해 기우니 가을 기색 서러워라
새벽녘 백제길 나서면 또 돌아볼 그리움
　　　山近夕陰重　日西秋氣悲
　　　明朝百濟路　回首是相思　－[李達 嘉林別安生]

치악산

나와 강원도의 인연은 내 공무원생활의 첫 발령지가 강릉이었던 우연에서 비롯되었다. 강릉에서 약 5개월간 근무하다가 1968. 11. 1.자로 원주 전출명령을 받았다. 마침 그날이 금요일이어서, 후임자도 보충 받지 않은 상태에서 다른 업무를 하고 있던 동료에게 내가 맡아서 하던 일을 인계하다보니 제때에 일을 마무리 지을 수가 없었다. 그래서 토요일까지 일을 끝내고 월요일에 출근하겠다는 전출지의 양해를 받은 다음, 일요일인 그 달 3일 아침 9시에 강릉 역에서 출발하는 서울행 기차에 올랐다.

짧은 기간이었지만 정들었던 선배와 동료들의 전송을 받으며 떠난 기차가 동해안을 따라 영주를 경유하여 오후

5시가 지나서야 제천역에 이르렀다. 그때는 영월과 태백을 경유하여 강릉에 이르는 선로가 개설되기 전이어서 강릉에서 원주까지 오는 데도 하루 낮을 보내야 하던 시절이었다. 제천역에서 무슨 일인지 한참을 출발하지 않던 열차에서 안내방송이 설핏 잠들 번한 내 무료함을 깨웠다. 그 시각 제천과 원주 사이에 있는 신림의 터널에서 열차끼리 추돌하는 사고가 발생하였으므로 그 복구공사가 완료될 때까지 그 구간의 열차운행이 불가능하니 모든 승객은 하차하여 나머지 운임을 환불받고 다른 교통수단을 이용하라는 뜻밖의 채근이었다.

부득이 제천역에서 하차하여 역전에 있는 택시를 타고 원주로 올 수밖에 없었다. 이미 해는 기울어 어둑어둑해지는 시각, 초행길인데 한참을 달려오던 택시기사가 맞은편에서 오던 택시 기사와 손 신호를 하더니 내게 양해를 구하길, "손님 저 차가 원주 택시인데 바꿔 타고 가시면 안 되겠습니까?" 한다. 나야 원주까지 도착만 하면 되는 일이라 거절할 명분도 없었고, 그의 진지한 태도에 그러기로 승낙한 다음 택시를 갈아타고 오면서 안 사실은, 택시도 객지를 타서 제천 차가 원주에 오면 교통경찰관에게 시달림을 당하고, 원주 차가 제천에 가면 역시 똑같은 대우를 받기 때문에 가능하면 이렇게 도중에서 손님 갈아태우기를 감행한다는 언짢은 진실이었고, 그 무렵 공직사회의 어두운 실상이기도 했다.

원주와 나의 만남은 그렇게 시작했다. 저물어 주위 풍광을 살필 여유도 없이 첫날밤을 맞았고, 그처럼 우여곡절 끝에 찾아온 원주가 실질적인 고향이 되도록 이렇게 오랫동안 살아오는 고장이 되리라고는 한동안 전혀 생각해본 적이 없었다. 해마다 정기인사이동 때가 되면 전출 희망지를 묻는 상급기관의 연례행사에 고향 인근의 근무지로 가게 해달라는 전출희망의사를 반복해서 상신했지만 당사자인 내가 워낙 그런 일에 적극적인 접근을 하지 못하는 성격이라서 우물쭈물하는 사이 몇 해가 흐르고, 결혼을 하고 애들이 태어나 초등학교에 입학을 하면서부터는 원주에 정착하기로 작정을 했다. 함안, 부산, 마산, 김해 그리고 진해까지 전출입이 잦아 내성적인 성격만 더욱 오그라들던 내 성장기의 경험을 대물림하지 않기 위해서는 내 아이들은, 고등학교를 졸업할 때까지는 한곳에서 학교를 마칠 수 있게 하겠다는 생각이 그런 결단에 이르게 한 것이다. 그래서 전출발령을 받아도 늘 혼자 부임하여 주말이나 휴가 때면 귀가하여 가족과 함께 지내는 형태를 반복해오면서도, 나는 원주를 한 번도 어머니의 품으로 느껴보지 못했고, 원주 역시 고향의 따뜻함으로 나를 품어주지는 않았다.

겨울에 접어들면서 첫인사를 나눈 시간의 연출의도 때문일까, 나는 겨울의 치악산이 좋다. 백발로 앉은 앙상한 근육의 늙은이를 생각나게 하는, 그러면서도 젊은이

못지않은 근육질의 건강함이, 그가 품고 있는 원주를 비롯한 고장들의 모두에 대한 위로이며 격려로 읽힌다. 상원사 오르는 길에서 만나는 꿩이나, 구룡사를 지나 발걸음을 멈추게 하는 구룡소가 예사로운 꿩 한 마리나 흔히 있는 깊은 산 계곡의 물웅덩이가 아니라는 것은 전설의 끊임없는 자기암시 때문일 게다. 전제왕정의 폭력성을 매도하면서도, 태종과 운곡의 사이에서 차라리 죽음을 택했던 할머니를 아직도 품고 있는 노고소의 언저리를 돌며, 지금도 그 일이 미담으로 입에서 입으로 전해지는 일을 생각하면, 이 시대의 사람들마저 절대 권력이 가진 힘에 대한 향수를 버리지 못하는 듯하다. 어쩌면 전설이나 설화들마저 치악산은 현재진행형의 삽화로 지금 우리들과 함께 생생한 대화를 나누며 오늘을 재현하고 있는 것은 아닐까?

원주 정착을 굳히고도 늘 객지라는 의식을 씻어버릴 수 없었던 무렵, 북한산 기슭에 숙소를 정하고 서울에서 근무하던 어느 날이었다. 외로움이랄까 일상의 권태감이랄까 내 자신도 알 수 없는 우울증에 빠져 있던 순간, 가까이 있는 북한산이 아니라, 평소에 잘 오르지도 않던 치악산이 갑자기 보고 싶어 강남 고속터미널로 달려갔던 적이 있다. 첫애 임신한 신부처럼 나도 의식하지 못하는 사이, 치악산은 내 안에 들어와 자리 잡고 있었던 모양이다. 그날 이후로 나는 치악산을, 원주를 내 가슴 속에 품고 있음을 자각하며 애증을 키워왔다.

    산을 오르는 사람도/ 저 하구를 벗어나 망망한 바다를 향해 하는 사람도/ 머지않아 이 땅으로 돌아올 것이다./ 갈 만한 땅도 많고, 오라는 땅도 더러 있지만/ 누구에게나 자신을 받아 품어줄 땅은 오직 한 곳뿐/ 품 너른 지리智異와 섬진蟾津이/ 입을 모아 일깨워주는 말은/ 사람들이 제 사는 땅을 선택하는 것이 아니라/ 땅이 스스로 사람을 골라/ 아무데도 못 가게 붙들고 있는 것이라고.
―「땅 이야기」 부분

    훗날 평사리를 지날 때, 있지도 않은 허구였던 최 참판 댁의 실재를 보려고 모여드는 관광객들을 보면서, 박경리의 「토지」가 가리키는 달을 향한 나의 독백이 일말의 진실을 담지擔持하고 있다면, 이는 원주를 가슴에 품을 수 있게 한 땅의 보이지 않는 흡입력이라는 생각이다. 그럼에도 불구하고 나는 단 한 번 시루봉에 올라가본 뒤로는 치악산을 오르지 않고 있다. 몸으로 하는 힘든 일은 될수록 피하려는 내 게으른 성벽의 탓이 가장 큰 이유가 될 터이지만, 자연을 자연으로 두지 않고 돌탑으로 높이를 더하면서 오히려 그 일을 자연신에 대한 치성쯤으로 인식하는 치졸한 인간의 작위와, 그보다 이를 상찬하고 있는 일부 등산객들의 생각 없는 광태狂態가 더욱 마음에 들지 않아서다. 그래서 나와 치악산의 사랑은 늘 언저리와 정상의 거리만큼의 간격을 두고 간절한 마음만 키워가는 중이다. 그렇다. 세상 사랑이 다 그리움의 공간이 쌓아온 퇴적물의 또 다른 이름이 아니었던가.

치악연가 1

우린
처음 만난 날도 수인사 한 번
없었지.
그리곤 한 동안
서로 곁눈 한 번 주지 않았지.

삶이 짐스럽고
세상이 너무 크게 내게 달려들던 날 오후,
세종로 그 인파 속에서
너는 문득,
외로움이 된 나를 멈추게 했지.

그 날 나는 왜
북악이 아닌 한강으로 가서
강남의 그 고층아파트 불빛을 향해
꺼이꺼이

네 이름을 불렀을까?
다시 돌아와 네 앞에 서던 날도
우린
에돌아 눈길 한번 마주치지 않았는데,
초라한 내 귀향의 침실에는
나보다 먼저 돌아와 누운 네가 있었다.
마침내 내가 된 네가,
네가 된 내가
거기 있었다.

한로

 유달리 삶의 길목에서 자주 눈이 가는 지점이 있다. 내게 계절의 인식이 가장 예민해지는 언저리가 있다면 그건 아마 단풍이 시작되는 무렵이 아닌가 싶다. 봄보다는 가을을, 여름보다는 겨울을 더 선호하는 내 취향 탓이기도 하지만, 이쯤 와서야 확연해지는, 한 해의 끝이 멀지 않았다는 자각 때문일 게다. 아직도 갈 길이 많이 남았다고 여길 때는 그 길의 멀고 가까움에 대하여 생각하며 길을 걷지는 않는다. 남은 거리를 예측하거나 측정하려고 들 때는 목적지가 가까워졌을 무렵부터다. 한 해의 삶도 인생 전체의 축도라는 생각에서일까, 똑 같은 해가 뜨고 지는 일임에도 여름의 하루와 겨울의 하루를 같은 지평에서 바라보지는 않게 된다. 시월 중순쯤이면 설악산에서 시작한 단풍이 오대산을 거쳐 내가 살고 있는 치악산에 이른다. 그 무렵의 절기가 한로이고, 그 이름만큼 이슬의 촉감이 차고, 아침저녁으로 얇은 옷에 파고드는 찬바람이 넋 놓고 살던 게으름을 옥죄기 시작한다.

 연초에 내가 다짐한 일들이 무엇이었지. 내가 하고자 했던 일들이 또 다시 내년의 숙제로 이월되는 것은 아닌가. 먹고 자고 살아있다는 일 말고 내가 이 세상에 존재해 온 또 다른 의미부여가 가능한 소인이라도 찾을 수 있을까. 인생이 정답을 찾는 과제가 아닌 줄을 알면서도 이맘때가 되면 언제나, 내 발걸음을 머물게 하고자 했던 삶의 어떤 자율적 계율 같은, 나만의 가치나 이념의 지향궤도에서 저만치 벗어나 겉돌고 있는 나를 자책하게 된다. 그러나 그 철없음을, 누구로부터도 제재 받지 않는 그 위반의 자유를 한편으로는 즐기며 살아왔다는 편이 더 솔직한 자기고백이라고 해야 할 것 같다.

 삶은 목적으로 환원되지 않는 무정향無定向의 자유분방이 아닐까. 그렇다고 의미조차 없는 것은 아니다. 그 의미의 지평에서 사람은 짐승과 다른 궤적을 그리며 갈라선다. 가치라는 잣대를 삶 속으로 끌어들이는 것도 그 지점에서의 일이다. 보편적이고 객관적인 가치만이 아니라 자신만의 주관적 가치를 추구할 수 있는 자유가, 그 분방

한 의지가, 예술이고 종교이며 사람다운 삶의 벼리가 된다. 사람이 늘 자신의 발걸음을 한 걸음 한 걸음 계량하며 살 수는 없지만, 자신도 모르게 정향되는 발자국에 고여 있는 사후적 침전물이 촉발하는 자극의 감도, 그 맛, 그 멋이 비로소 개개인의 가치로, 삶의 의미로 현현될 때, 사람이 사람답다는 말을 듣게 되는 것이다.

멋이라는 말의 사전적 의미는 둘로 갈린다. 하나는, 차림새나 행동, 됨됨이 따위가 세련되고 아름다움을, 그리고 다른 하나는, 고상한 품격이나 운치를 뜻한다. 전자의 뜻에서는 인위적인 조작이 가능한 '멋을 내는' 맛이라면, 후자의 뜻은 아무런 작위 없이 저절로 '나오는 멋'의 향취이다. 물론 여기서 추구하고자 하는 멋은 후자의 멋임은 두말할 여지가 없다.

가끔 각종 모임이나 행사에 참석하면, 마무리 절차로 기념사진을 촬영하게 되는데, 유독 앞자리에 앉으려고 매번 기를 쓰는 사람들이 있다. 옆 사람의 노골적인 불쾌감조차 외면하는 이러한 부류의 사람들을 보면 또 다른 측면에서 멋이라는 말을 되새기게 된다. 멋의 가장 진한 향취가 풍겨 나오는 대목은, 앞으로 나가고 채우는 지점보다 늘 물러서고 비우는 곳이다. 할 수 있는 힘을 가지고 있으면서 물러서고, 가질 수 있는 자리에서 버리는 모습을 보면서 우리는 '멋있다'는 표현을 아끼지 않는다. 그런데 우리의 삶은 늘 이 멋을 찾는 일도 지연시키는 기제機

制의 작동을 부추긴다. 미래라는 이름으로 현재를 옥죄는 끊임없는 지연의 전략이 오랜 인류사와 함께 우리 모두에게 내면화되고 있는 부정적인 유전인자의 하나다.

떠나야 할 때 떠날 줄 아는 지혜, 그 멋을 제대로 아는 사람을 만나는 일이 실제로는 쉽지 않다. 등을 떠밀어도 아직은 때가 아니라며 버티기 일쑤다. 한반도의 좁은 땅덩어리 안에서도 한쪽은 영구집권을 꾀하다 비극적인 종말을 초래한 대통령을 한 명도 아니고 두 명씩이나 짧은 공화정 역사 속에서 겪었고, 또 다른 한쪽에서는 3대에 걸친 실질적인 세습왕조가 아직도 그 종착지를 모른 채 일방통행을 하고 있는 실정이다. 어차피 통치라는 커다란 합법적 폭력의 주체로서, 생각하기에 따라 욕심을 부릴 만한 핑계거리라도 둘러댈 수 있겠지만, 신적 권위에 충성하고 그의 백성을 위로하고 돌본다는 성직자들마저 세습이나 무슨 선교재단의 이름을 빌려 시멘트바닥의 껌딱지 붙듯 주저앉아 물러날 줄을 모른다.

내가 공무원생활을 시작했을 때만 해도, 일은 하지 않으면서 자리를 지키고 앉아 부하직원 닦달이나 하는 중간 간부들이 많아, '나는 아랫사람이 나더러 저 선배 왜 안 나가지? 하는 말 듣기 전에 나가야지' 내 나름 다짐을 하기도 하고, 동료들에게 일부러 선포도 하는 바람에 선배들의 미움을 사기도 했던 일이 기억난다. 꼭 그 다짐을 이행하려고 한 일은 아니지만, 정년 10년을 남기고 명예퇴직을 했으니 주변 사람들에게 일찍이 한 약속은 지킨 셈이다. 말단 공무원의 자리도 사정이 이러한데 그와 비교할 수도 없이 좋은 자리에 있는 사람들더러 빨리 물러나라고 하는 내 주장이 설득력을 얻기는 어렵겠지만, 우리나라 국회마저 공천이라는 저들끼리만 해먹자는 그물망을 강화하면서 양로원이 되어가는 것 같아 마음이 편치 않은 것은 사실이다.

  쓸지 않은 앞뜰에 낙엽이 질펀하다. 지나가던 바람이 낙엽과 어울려 한바탕 춤판을 벌린다. 나목의 앙상한 가지 끝에서 아직은 지구의 중력을 거부할 수 있는 힘이 남아 있음을 과시하는 두어 장 단풍잎이 까닥까닥 온몸 굽혀 펴기를 반복하고 있다. 내 짐작으로는 가능하면 좀 더 세찬 바람을 불러 되도록 멀리멀리 나비춤이라도 추며 가고픈 소망으로 때를 기다리고 있는 듯하다. 겨울채비에 바쁜 어치 한 마리 잠시 머물다 가고 춤판에서 물러난 바람이 자러 간 사이 온 세상이 온순해졌다.

    단풍든 잎은 낙엽이 된다./ 간혹 이 평범한 진리를 거부하는 몇몇 나뭇잎들은/ 퇴색된 그대로 솜뭉치처럼 오그라든 채/ 혹독한 겨울바람에도 한사코 손을 놓지 않다가/ 봄이 오면 비로소/ 돋아나는 새순에 떠밀려/ 마지못해 흙으로 돌아간다./ 거룩해야 할 이 풍장 의식이 뜻밖에/ 추하고 억지스러운 것은/

하늘이 명한 시간에의 배역 탓일까./ 곳곳에 낙엽이 되지 못한/ 사람 사람들/ 창밖에는 무서리 내리고/ 바람이 차다.

— 「때時」

사람의 한 생을 한 해의 역년歷年으로 치면 내 삶도 찬 이슬이 내리는 이 지점의 계절을 지나고 있는 게 분명하다. 우리 사회의 은퇴를 모르는 원로들의 노욕과 그 추태를 보면서 일찍이 내가 쓴 시인데, 이제는 내가 가야할 때를 예견하고 미리 다짐한 시로 읽힌다. 멋있게 마지막 하직을 하는 꿈, 이마저 못 이루는 꿈의 보편적 속성을 재현하지 않기를 비는 마음 위로, 이제야 바람다운 바람이 싸늘하게 성기어가는 머리카락을 헤친다.

한로 무렵

점령군 임무 교대하듯 철새들
주둔지 인수 절차도 없이 갈마들고
수업 끝난 교실 판서 지우듯 들녘도
한 해의 흔적을 지우네.
밀정처럼 치악산 단풍이 하산하는 사이
내 위반의 자유만큼
철들지 못한 마음도 단풍드는데
시간은 사람의 지배를 거부하고

사람들은 시간을 값비싼 비단옷인양 아끼다
써보지도 못하고 손을 흔드네.
어린 날 맥박 뛰는 손목에 얼음 얹어놓고
누가 더 오래 견디나 짜릿한 기억처럼, 이슬 머금은
구절초 하얀 잎새가 바르르 진저리치는 새벽
바람이 바람처럼 불고
사람이 사람같이 생각하는.

굿 구경

 지금은 일부러 보러가지 않으면 볼 수 없는 지난 시절의 예사로웠던 정경의 하나가 굿이다. 집안에 우환이 있거나 해가 바뀌거나 큰일을 앞에 두고 있을 때 요사스런 귀신을 물리치고 복을 불러오는 의식[辟邪招福]으로 행하던 굿판이 지금은 근대화의 바람에 밀려 뜸해졌지만 반세기 전만 하여도 벽촌의 서민들이 병원보다 먼저 찾던 대상이 무의巫醫였다. 병 고칠 의醫자의 본래 자체字體가 주문을 외는 무당의사라는 의미의 회의자인 의毉였음이 그 유래의 긴 역사성을 잘 증언하고 있다.

 어린 날 내 기억 속의 굿판은 제주祭主의 간절한 염원보다는 동네사람들의 놀이 지향성이 더 강렬한 인상으로 남아 있다. 서른 가구도 되지 않는 작은 동네임에도 한 해에 열 손가락을 다 접을 수 있을 만큼 자주 열리던 굿판에 취학도 하기 전의 나는 할머니 손에 이끌려 구경을 가곤 했다. 무당이 댓가지를 들고 부정한 것들을 씻어내고, 신을 맞아들이고迎神, 맞아들인 신을 즐겁고 기쁘게 해드리고娛神, 흡족한 신의 신탁으로 무당이 신의 이름으로 내리는 공수, 그리고 그 신과 신의 수행원들을 보내드리는 뒷전거리送神로 이어지는 굿판이 새벽까지 이어지는 동안 나는 늘 할머니 무르팍에 누워 잠들기를 반복했지만 뜸뜸이 곁눈질로 본 굿판의 장면은 지금까지도 선명하다. 가끔 술 취한 어른들의 고성에 놀라 깨기라도 하면, 그 때쯤의 굿판은 제의적 성격보다는 놀이의 성향이 더 짙은 온 동네의 축제가 되고, 무당의 사설에 울고 웃는 마당극이 연출되기도 했다. 굿판이 끝나는 아침까지 머물렀던 구경꾼에게는 계면떡 한 봉지쯤 나누어지고, 그제야 제의의 본래적 의도에 따른 인사말이 오고가는 장면도 자연스럽게 연출하면서 기다리고 있던 일상의 재현 속으로 발걸음을 옮기던 그 시절 어른들의 여유롭던 모습이 지금도 조각조각의 영상으로 내 기억 속에 남아 있다.

   이러한 놀이 측면의 굿거리에서 한걸음 나아간 공동의 놀이가, 해마다 설날에서부터 정월 대보름까지의 기간에 주로 행하여지던 두레패의 걸립乞粒이었다. 집집마다 돌아다니며 지신地神을 밟고 한 해의 복을 불러오는 이 제의야

말로 온 동네의 축제요, 우리 어린이들의 가장 흥미롭고 즐거운 구경꺼리였다. 상쇠의 꽹과리 장단에 혼을 뺏기고, 상모놀이에 넋을 잃었던 기억은, 그 시절, 그 환경에서 자란 사람이라면 누구나 간직하고 있지만 지워지지도 인화할 수도 없는 영상의 몇몇 편린일 것이다.

"10월이면 늘 하늘에 제사하고 밤낮으로 술 마시고 노래하고 춤추니 이름 하여 무천이라고 한다.[常用十月祭天 晝夜飮酒歌舞 名之爲舞天]" "은력殷曆 정월에 하늘에 제사하고 나라사람들이 크게 모여서 연일 마시고 먹고 노래하고 춤추니, 이름 하여 영고라 한다.[以殷正月祭天 國中大會 連日飮食歌舞 名曰迎鼓]" 삼국지 위지의 동이전에 있는 동예와 부여에 대한 기록들이다. 상고의 우리 민족의 모습이다. 그런데, 그 놀이의 멋을 잃었다. 우리 주변에 지역민이 함께 하던 축제가 없어지고 있다. 우리 민족의 신바람, 그 풍류가 산업화의 잰걸음 앞에 모두 무력화되면서 우리는 그 신바람을 잊고, 아니 잃어버리고 살고 있다.

가끔 아프리카나 남태평양 등지의 원주민을 소개하는 기록물을 보면, 어김없이 그들의 전통 춤판을 보게 된다. 원래 인간의 삶은, 먹을 것만 해결하고 나면 함께 춤추고 노는 일이 전부가 아니었을까 생각된다. 유럽의 여러 나라에서도 길거리 공연은 흔하게 볼 수 있는 풍경이다. 그런데 우리는 그 놀이마당을 잃었다. 설날을 시작으로 대보름까지 지속하던 지신밟기, 풍물굿을 시골에서도 찾아보기 어렵다. 그런 놀이마당의 그 신명도 없이, '국민 총화'니 '화합 단결'이니 하는 정치적 구호는 모두 헛소리에 지나지 않을 것이다. 축구장의 '붉은 악마', 야구장의 '파도타기 응원'이 우리의 억압된 신명을 깨우는 일이 아니고 무엇이란 말인가?

이즈음 몇 해 동안 광화문 광장을 비롯한 몇 군데에서는 촛불과 태극기로 상징되는 군중집회가 상시화되고 있다. 분명한 정치집회임을 부인할 사람은 아무도 없을 것이다. 그런데 내 눈에는 이러한 혼돈이 마당굿이나 거리굿으로 읽히는 것은 내 난시의 탓 만일까. 월드컵 축구제전의 응원 모임이던 이른바 '붉은악마'에서부터 구실만 있으면 나타나는 촛불부대, 그리고 태극기부대까지, 그 격렬한 구호의 이면에는 각박한 삶의 규칙적 틀을 벗어난 카오스의 해방감에 굶주린 민중의 놀이마당, 굿판에 대한 열망이 그러한 변용의 모습으로 표출되고 있는 것은 아닐까. 취학도 하지 않은 어린이는 물론, 젖먹이를 안고업고 나온 젊은이들을 보면서 더욱 그러한 낌새에 방점을 찍고 싶다. 제의와 놀이가 둘인 듯 하나이고, 하나인 듯 둘이 될 수 있듯이, 무당과 제주, 다수의 구경꾼이 각각 자신만의 굿으로 승화시켜온 우리의 굿마당처럼 광화문의 저 굿판도 분명 무당의 역할과 구경꾼의 신바람이 머무는 자리는 다를 것이다. 너무 큰 정치적 의미보다는 일탈과 광란의 여백으로서의 삶을 맛보고 싶은 일상인의 욕구가 모습 짓는 한때의 신풀이 삽화로 즐기면서 분열과 패거리의 독단에서 벗어날 줄 아는 구경꾼의 여유가 필요할 때가 아닌가 싶다.

요한 하위징아(Johan Huizinga, 1872~1945)가 '호모 루덴스(homo ludens, 놀이하는 인간)'라는 단어로 정의했듯이 인간의 문화는 그 자체가 놀이라는 말에 수긍이 간다. 우리들의 정치적인 투쟁마저 놀이의 또 다른 형태라는 것을 자각한다면, 저 광화문의 구호도, 그 행태도 조금은 달라져야 하지 않을까. 저들의 굿판에서 간혹 계면떡을 취하는 자들도 있으리라. 그 계면떡 때문에 굿판을 차린 것인지도 모르지만.

아무튼 놀이의 문화가 고갈되어가고 있는 시대에 놀이의 본 모습, 그 풍류를 다시 불러올 때가 되었다. 과외 공부가 필요하다면 가장 시급한 과목은 '노는 공부', 그것도 이웃과 어울려 함께 잘 노는 공부가 되어야 할 것 같다. 초등학교에서부터 외국어 공부니 무슨무슨 선행학습이니 하면서 어린이들 인성만 거칠어지게 하지 말고, 친구들과 함께 잘 놀 수 있는 공부를 가르치도록 학과목도 조정하고, 나아가 이참에 현행의 학제도 개편을 고려할 때가 되었다는 판단이다. 스마트폰의 자폐족들만 양산할 수밖에 없는 이 시대의 갈급한 요구가 무엇인지 생각 있는 어른들의 각성이 필요한 때이다. 인공지능시대에 참사람으로 살 수 있는 원동력을 공급받는 그런 굿판 한 번 거방지게 펼쳐보면 어떨까?

계면떡 얻어먹을 처지도 아닌데

"금세상을 굽어본즉 밤도 캄캄 낮도 캄캄" 무당의 공수가 시작되고 조상신 장군신 꾸지람에 연신 고개를 조아리는 산 사람들, 뇌짐 끝에 세상 떠난 윗동네 철수 아버지 가던 전날 밤에도, 저퀴 씌워 말라가던 삼대독자 외아들 삼식이 집 마당에서도 어릴 적 할머니 무르팍에 누워 흔히 보던 장면들이다 "햇불에는 데어 죽고, 달빛에는 얼어 죽어……" 새신賽神, 오신娛神 열두거리 굿마당은 반환점을 돌고 막걸리, 시루떡의 술판 떡판이 비선 실세로 야금야금 굿마당을 잠식하는 자정 지날 무렵쯤 어김없이 연출되는 홀아비 김 씨의 주제 없는 주정과 개울 너머 과수댁의 종잡지 못하는 넋두리, 이쯤에서 신바람난 신들도 사람들 어울려 춤판을 벌리고, 죽음과 삶이, 슬픔과 즐거움이 한몸 되어 엮어가는 법열의 막춤, 내 어린 잠은 끝내 송신의 장면까지 따라가는 것을 허락받지 못했지만 갑년의 세월을 거슬러 새록새록 찾아드는 그 굿판들.

촛불이다 백만 이백만 개의 촛불이 파도를 탄다 비장

한 구호들이 수를 놓고 분노의 함성이 온 나라를 들썩인다 그런데 나에게는 왜 주말이면 광화문광장을, 전국의 저잣거리를 가득 채우는 저 촛불의 행렬이 축귀逐鬼나 해원解寃의 굿판이나 살풀이춤판으로 읽혀질까 자유발언대 위에서 목이 터져라 부르짖고 있는 저 소리가 멀리 어린 기억 속 무당의 사설로 되살아올까 "배고픈 사람 밥을 주고, 옷 없는 이 옷을 주고, 죽을 사람은 약을 주고, 천한 사람 존대하여 그게 공덕이라 하느니라" 우울의 공간에 잠자고 있던 내 어깨가 춤사위 가락으로 움찔움찔 깨어나는 이 언어도단言語道斷은 또 무엇이라 할까.

염치

요즘 국회에서 특정 공직의 임명을 위해 인사청문회가 자주 열리고, 그 현장에서 주고받는 질문이나 답변 등이 중계방송으로 실시간 전해지고 있다. 각 상임위원회별로 진행하는 청문회에서 위원장이 소속 상임위원회 위원들을 호칭하는 말은 언제나 "존경하는 아무개 의원님"이다. "남의 인격, 사상, 행위 따위를 받들어 공경하는" 존중의 사전적 뜻풀이의 함의含意는, 자신을 낮추고, 남을 높여 드리며[自卑而尊人], 하늘의 길[誠之]에 이르는 경敬에 터 잡아[居敬] 섬기는 지극한 마음이라는데, 법치法治나 인치人治에 앞서 덕치德治를 표방해온 우리 전통의 예禮는, 자신이나, 자신이 속한 집단에 대하여는 늘 자비自卑의 겸양謙

讓이 본모습이었던 때문일까, 호명할 때마다 빠짐없이 덧붙이는 "존경하는"이야말로 존경에 목마른 내부자의 밖을 향한 절규로 들리는 이 난청難聽, 이 오독誤讀이 비단 나만의 증상일까.

이에 대한 각 위원의 자신에 대한 호칭은 어김없이 "본 의원"이다. 청문회는 상임위원회별로 그 소속 국회의원을 구성원으로 하고 있으므로, 질의를 하는 사람이 국회의원 신분이라는 것을 모르는 국민은 한 사람도 없다. 그럼에도 불구하고 국회의원임을 강조하기 위하여 꼬박꼬박 "본 의원은"으로 시작하는 질의내용은, 오히려 무슨 이익집단의 한 구성원이 그 집단의 이익을 대변하러 나온 듯한, 국민의 이익을 대변한다는 본뜻과는 거리가 먼 억지와 왜곡과 과장의 연쇄로 결론 없는 막장 드라마를 연출하기 일쑤다.

본本은 바탕이다. 근본이고 중심이다. 본인이나 본직이라고 할 때의 중심은 늘 이쪽의 사람이나 직책을 주인의 처지에서 보고 다른 쪽을 객체로 생각한다는 전제로부터 출발한다. 따라서 "본 의원"이라고 할 때의 본에도 그 뒤에 따라오는 '의원'을 강조하고 자신이 주체임을 과시하는 뜻이 잠재하고 있다는 사실을 모르는 사람은 없을 것이다. 옛날의 왕들도 자신을 낮추어 과인寡人이라 부르거나 고孤라고 불렀고, 일찍이 전제적 대통령들도 국민을 향하여 "본 대통령은"이라고 하는 말을 들어본 것 같지 않다. 또한 어떤 일에 직접 관계가 있거나 해당되는 사람의 뜻으로 쓰이기도 하는 본인이라는 말을 굳이 '나'나 '저' 같은 좋은 말을 두고, 그 억지스러운 본인의 연장선상에 있는 "본 의원"으로 들먹일 필요가 있을까 하는 생각이다.

더군다나 그들이 금과옥조처럼 강조하고 있는 "국민이 다 보고 있는" 자리에서 한편으론 국민이 들어주길 바라면서까지 그 표현을 고집하는 이유를 짐작하지 못하는 국민이 있을까. 청문회는 장관 등 고위직을 담당하고자 하는 이들에 대한 국민의 신뢰를 담보하기 위하여, 모든 국민 앞에서 국민을 대표하는 국회의원이 그 사람으로부터 알아내고자 하는 능력이나 인품 등 공무담임 능력을 판단할 정보를 얻기 위한 자리이다. 결코 장관후보자들에 대한, 이른바 국회의원들의 '갑질'하는 자리가 아니다.

그런데 그 자리가 뒤바뀌고, 자신이 했던 말에 발목 잡혀 쩔쩔매는 모습 또한 흥미롭게 펼쳐지는 드물지 않은 풍경이다. 비단 정치인이 아니더라도 그런 예는 각계각층에 편만해 있다. 목사와 스님이, 교수와 언론인이, 그리고 시인이, 부끄러움이 실종된 주체의 연기에 너무 익숙해진 것 같다. 십자가나 목탁이, 지식이나 펜이, 무기가 되고 권력이 되는 자리에는 언제나 독버섯이 피어난다는 사실을 우리는 인류역사를 통해 잘 알고 있다. 그리고 그런 버섯이 기생하는 숙주는 늘 거짓이나 과장으로 부풀려져 있기 일쑤다. 감당할 수 있는 자리, 받을 만한 상을 받는 일은 누구나 상찬할 일이지만, 남들은 다 아는 사실인, 그 자리가 합당치 않거나, 받을 만한 상이 아님에도 당사자는 짐짓 모른 척하거나, 나아가 스스로 자랑하는 국면에 이르면 보는 사람이 오히려 민망해 시선의 초점을 잃게 되는 일이 우리 주변의 흔한 진실이다.

내 가시권에 있는 사람들 중에서 한정해 보더라도, 남의 집 사랑채에서 고독사하기까지 아비를 학대한 친구가, 그 아비 죽은 다음 세상에 둘도 없는 효자행세를 하고, 공무원 봉직 당시 그가 맡은 업무 관련 민간인들 사이에 공공연히 기피인물로 지목되던 자가, 퇴직한 다음에는 청사靑史에 기록될 청백리로 행세하고 다닌다.

부모 돌아가신 후 효자 아닌 사람 없고, 퇴직한 공무원치고 청백리 아닌 사람 보지 못했다. 이미 내가 그들의 사정을 잘 알고 있다는 사실을 알면서도 내 앞에서까지 그 부끄러운 자랑을 하는 것을 보면, 원래 인간이 그렇게 생긴 거짓과 과장의 존재인지, 아니면 망각과 조작의 귀재들인지 짐작이 가지 않는다. "청렴하려 하면서도 더욱 더러워지는 것은 입으로만 떠들기 때문이다.[淸之而兪濁者口也]" 누구나 아는 이야기를 순자荀子까지 불러내 확인하는 것은 나도 말만 많은 부류에서 벗어나지 못하는 한 사람이기 때문이다. 제발 내가 만나는 사람들의 사례는 특수한 경우로서 사회 전체로 일반화할 보편적 진실이 아니기를 바랄 뿐이다.

　상을 받는 일은 언제나 즐겁다. 수년 전 내 아는 분이 무슨 문학상을 받게 되었다면서, 초대장을 보내왔다. 평소 자주 오가며 친하게 지내는 편이라 나도 기쁜 마음으로 그 행사장을 찾아갔다. 몇몇 아는 분들과 인사를 나누고 방명록에 서명을 한 뒤 빈자리를 찾아 앉은 다음 받아든 안내문을 살피다가 인사도 없이 나와 버렸다. 장르별로 본상, 최우수상, 우수상, 금상, 은상, 동상에 전 장르를 통합한 대상이라는 것도 있었던 것 같다. 그 안내문마저 나오는 길에 휴지통에 버리고 와서 자세한 기억은 없으나, 그날 상을 받는 문인이 20명은 되었던 것 같다. 유치원이나 초등학교 글짓기 대회라면 모를까, 기성 문인들을 대상으로 하는 자랑스러운 문학상을 이처럼 싸구려 상품처럼 남발해도 되는 것인가 하는 씁쓸함에 발걸음이 무거웠다. 그런데 그 후 얼마 되지 않아 그날 상을 받은 분이 시집을 보내왔는데, 시집 앞표지 날개에는 그 문학상의 우수상을 받은 수상경력이 자랑스럽게 나열되어 있었다. 사정을 모르면 우수상을 받았으니 자랑스러울 만도 하겠으나 알고 보면 3등이나 4등상을 받았다는 자랑이다. 부끄러워할 일인지 자랑할 일인지는 당사자가 알아서 판단하고 처신할 일이지만, 옆에 있는 내가 공연히 얼굴이 붉어지는 이유는 내 옹졸한 소심증 때문 만일까?

서너 달이 지나면 총선을 치른다. 온 나라가 또 한 번 민망한 노래를 합창해야 할 계제가 되었다. 이 나이 되도록 살아오면서 아직 '부끄러워 죽었다'는 말은 들어보지는 못했다. 물론 '민망해서 죽었다'는 말도. 그래서 인류는 이렇게 기하급수적으로 불어난 것인지도 모르지만, 부끄러움도 배워서 익히고 실습을 해봐야 남들 앞에 재현할 수 있는 몸짓이라면, '부끄러움을 부끄럽게 살아가기 혹은 부끄러움의 생활화하기' 같은 과외학원이라도 하나 차려보면 어떨까 하는 생각이다.

염치

바다에 오일펜스 치듯
사람들이 지어내는 부끄러움에도
세상의 입가에 미소 떠오르는 언저리쯤
저지선 하나 설치할 순 없을까.

세상의 모든 눈과 귀를 불안하게 하는 것들이 모여들고
개구리 몸피 부풀리듯 크기와 깊이를 과장하는 몸짓들이 펄럭이고
어제의 언어와 오늘의 문맥이
비무장지대 남과 북만큼 번역 불가능한 춤판
그 춤판에 끼어들지 못해 안달하는 무리 어울려

자고나면 한 길쯤 높여가는 무대
눈을 감을 수도
귀를 막을 수도, 더구나
자리를 떠날 수도 없어 더 민망한 관객들

속 좁은 생각 하나,
사람 많은 곳이면 쉽사리 눈에 띄는
혈압측정기처럼
잘난 이들의 회견장이나
국회, 출판기념회, 문학상시상 식장 같은 데
부끄럼지수측정기 한 대씩, 꼭
비치해두면 어떨까 하는.

이름

 태초에 하나님이 만물을 창조하셨다. 그러나 그 만물의 이름 짓는 일은 사람에게 일임하셨다. 창세기에 기록되어 있는 내용이다. 이름이 주어짐으로써 사물은 비로소 의미를 얻게 되고, 그 의미로 하여 존재의 존재됨을 인정받게 된다는 점에서 결국 사람은 하나님과 함께 모든 존재의 창조를 완성한 창조주의 동역자가 되는 셈이다.

 내재와 초월의 동시성으로 바깥이 없으신 유일하신 하나님이야 개별자의 이름 없이 "나는 곧 존재자이니라.(I AM WHO I AM.)"고 말씀하실 수 있지만, 수많은 개별적 존재 중의 하나인 인간은 그 이름으로 자신을 특정할 수밖에 없다. 이에 더하여 인간은, 이 이름이 수많은 사람들

중의 한 사람의 이름을 넘어, 단독자로서의 이름으로 신적인 권위와 함께 오래도록 기억되기를 바라는 유일한 존재다. "호랑이는 죽어서 가죽을 남기고, 사람은 죽어서 이름을 남긴다."는 속담이 당연한 이치로 회자되는 빌미다.

지금은 길마저 막혀 가볼 수 없는 곳이 되었지만, 십여 년 전 두 차례 금강산을 다녀왔다. 제한된 구역이지만 비로봉 오르는 계곡의 너럭바위나 암벽에는 온통 사람의 이름이나 시를 비롯한 온갖 내용의 글들로 빈틈이 없었다. 그 정상 가까이에는 어김없이 붉은 글씨로 통치자 부자의 이름이 화려한 수식어와 함께 큼직하게 씌어 위용을 자랑하고 있었다.

이러한 정경이 어찌 그곳뿐이랴. 우리나라의 명승지 어디를 가든지 다녀간 사람들이 새긴 이름들의 낙서군落書群이 어린 날 넘어져 다친 무르팍 상흔처럼 남아 있는 흉물스런 흔적을 보는 일은 어렵지 않다. 가끔은 나도 아는 선인의 필적이나 시문이 없는 것은 아니지만, 대부분의 이름은 의미를 찾을 수 없는 한갓 낙서에 지나지 않는 것들이라는 사실이 찾아가는 사람들의 마음마저 서글프게 한다. 그렇게 하여 남긴 이름의 긍정적인 효과는 과연 무엇일까? 가족이나 친지들이 보면 알아보기라도 해주겠지만,—그것도 동명의 이름 많기로 이름난 우리들의 이름으로서는 긴가민가하면서도 혹 내가 아는 사람이 아닐까 하는 호기심 정도로 인식되는 선에서—모르는 사람들이야 어린 날 학교 화장실 벽에 새겼던 개똥이, 쇠똥이 따위를 넘어선 다른 시각으로 보아줄 사람이 있을까? 고조선 대의 유적에 '홍길동'이라는 이름이 있다고 쳐보자. 역사적 흐름의 의미 있는 일에 관여한 일도 없는 그 이름에 관심이 있을까, 아니면 그 당시의 문자나 필체 등에 관한 고고학적 탐구가 앞설까? 천 년, 이천 년 후의 우리 후손에게 혹사시킬 문자나 서체에 관한 고고학적 사료는 그런 낙서류가 아니라도 셀 수도 없이 많은 것들을 남겨줄 수 있는 이 시대의 문화 환경이다. 일부러 그런 수고까지는 하지 않아도 된다.

주위를 돌아보면 문인들의 행태도 이러한 세태의 그늘에 서식하는 버섯의 생태와 다르지 않다. 몇 년 전 선배 문인의 시비詩碑가 세워져 있다는 어느 시비공원을 찾았을 때의 씁쓸한 뒷맛을 잊을 수 없다. 수백 기의 시비가 공동묘지의 묘비만큼 운치도 격조도 없이 빽빽이 들어차 있는, 과시와 탐욕의 절묘한 조합이 연출하는 억지스러움이 울컥 욕설 섞인 가래침을 자극했다. 내가 평소 존경해온 선배시인들이, 그리고 애송하던 그들의 시가, 어쩌다 여기까지 와서 이런 곤욕을 치르게 되었을까 하는 안타까움만 남기고 발걸음을 돌렸다.

시비를 세우는 일은, 공간적 지연地緣이나, 시 속에 내재하고 있는 의취意趣의 적실성에 따라 자리를 정하고 뜻을 기리는 일일 텐데, 앉을 자리도 아닌 데서 어쭙잖은 내용을 자랑하며 버티고 서있는 양태를 보면, 상찬의 마음보다는 그 과시욕에 눈살이 찌푸려질 때가 더러 있다. 이러한 일이 비단 이 시대의 일만은 아닌 듯하다. 일찍이 석주石洲 권필權韠(569-1612)의 시대에도 지금 못지않게 시비니 공덕비니 하고 야단법석을 떨었던 모양이다. 그가 충주 시[忠州石效白樂天]를 마무리 지으면서 "하늘이 돌을 낼 때 입 없는 게 다행이지, 돌에게 입이 있었다면 응당 할 말이 있으리라.[天生玩物幸無口 使石有口應有辭]"고 탄식하던 속내가 짐작이 가고도 남는다.

어느 선배시인의 말씀이 생각난다. 평소 교분이 잦지 않아 잘 모르는 시인들이 시집을 출간하고 그 시집을 보내올 경우, 시집 앞표지 날개에 있는 약력이 장황하면 내용은 보지도 않고 던져버린다는 취지의 말씀이었다. 자기 과시나, 속물근성이 두드러지는 내용의 약력을 볼 때 받는 인상이나 느끼는 감정은 누구나 비슷하구나하는 생각을 했다. 자서전을 쓰는 일도 아닌데, 말 그대로 약력은 간략한 이력인데, 발표한 작품 하나하나를 일일이 열거한다거나, 초등학생 글짓기 대회 상 주듯 대상, 본상, 우수상 하며 남발하는, 누구나 알 만한 사람 다 아는 그런 유의 상을 받은 자랑까지 눈살 찌푸려지는 대목은 한둘이 아니다.

지금은 서예가들이나 문인화가들의 작품에 그 일부분처럼 정형화되어 있는 낙관이 아니면 시대의 유물로 다루어지고 있는 호號만 해도 그렇다. 호號란 원래가 학문이나 도덕, 혹은 예술에서 일가를 이루어 남을 가르칠만한 자리에 이른 사람만이 가지는 영예로서, 대개는 스승이 지어주거나 가까운 친구가 지어주기도 하고, 때로는 스스로 짓기도 한다. 남이 짓는 경우의 호는 화려한 것이 보통이고, 자신이 지을 경우에는 스스로 낮추어 부르거나 자신의 뜻을 담는 것이 관행이다. 전통적으로 호를 가진 사람에게는 '선생'이라는 극존칭을 붙여 다산茶山선생, 추사秋史선생 하고 불러왔다. 그래서 그 이웃이나 제자들은 모두 호를 부를 뿐, 이름을 부르지 않게 되는데, 우리 주변에서 그럴 만한 위치에 있지 않은 사람들조차 때늦은 호치장號治粧에 열을 올리는 민망한 모습을 보는 일은 흔히 있는 일이다. 대통령도 DJ, YS하며 썩 마음 내키는 일은 아니지만 남의나라 문자로 약칭하는 세태에, 문인들이 앞장서서 이 흘러간 옛 장단에 곱사춤을 추고 있는 것은 아닌지 생각해볼 문제다.

아무래도 시비나 호는 후인들의 일로 넘겨주고, 당장은 열심히 글이나 쓰는 게 문인의 도리가 아닐까 싶다. 남기고 싶어 남겨질 일이라면 이름을 남기지 않을 사람 누가 있을까? 남겨서 남는 게 아니라, 남아서 남는 대상이 이름이고, 시비이며, 또한 시문이 아닐까?

요즘 성행하는 신조어에 '관종關種'이라는 말이 있다. 무슨 말인지 궁금해 찾아보니 '일부러 특이한 행동을 하여 다른 사람들에게 관심을 받는 것을 즐기는 사람을 속되게 이르는 말'이라는 뜻인 '관심종자關心種子'의 준말이라 알려준다. 그러고 보니 악역을 해서라도 남의 시선을 끌어보려고 애쓰는 종자가 내 안에서도 싹트고 있는지 모르겠다. 사울이 바울이 되고 야곱이 이스라엘로 이름을 바꾸듯, 스님들은 법명으로, 신부들은 본명으로 이름을 바꾸는 일이, 자신의 또 다른 이름의 강화가 아니라 본래의 제 자신을 지우고 이름이 쌓는 탐욕의 바벨탑을 벗어나보자는 해방의 선언이 아닐까?

아무튼, 지구상에서 이름 남기려고 애쓰는 존재가 사람밖에 없어, 훼손되지 않은 자연이 지금만큼이나마 남아 있다는 사실이 다행이라면 참 다행한 일이다.

이름—적跡, 적迹 그리고 적寂 1

딱따구리가 글을 배운다면,
제 이름 쓸 줄 안다면
세상 나무들은 어떻게 되었을까?

금강산
비로봉 오르는 계곡

너럭바위마다 빈틈없이 채운 이름들,
시인묵객으로부터 저 혼자만 알고 간 이름까지
더러는 명필의 묵적으로
때로는 서툰 끌질로 어지럽게 새겨지다가
드디어 산정에는
살아서 신이 되어버린 어떤 부자父子의 이름이
천리쯤 떨어져서도 보일만큼 붉게 채색된 채
위용도 당당하게 각인되어 있다.

사람 한 평생이
이름 남기는 일이라고
누구는 재물 위에 이름 새기고
누구는 권력 위에 이름표 붙이지만
후인의 가슴에 새겨지는 이름은 그리 많지 않을 듯,

딱따구리는 일용할 양식을 얻으려
나무에 구멍을 내고
사람들은 제 이름 새기느라 통째로
세상에 구멍을 내고 있다.

보이는 것, 들리는 것

중학교 때다. 다른 학교에서 3학년 초에 전학해온 친구가 있었다. 친구라기보다는 두어 살 나이가 많은 형뻘의 동급생인데, 몇 군데 학교에서 주먹질로 말썽을 부리다 정·퇴학을 거듭한 끝에 우리 학교까지 오게 된, 이른바 문제아였던 것 같다. 우리 학교에 와서는 오자마자 그때까지 가장 힘이 세다고 인정받던 친구를 제압했다는 말이 한 바탕 화제가 된 일 외는, 졸업 때까지 별다른 말썽을 부리지는 않았다. 그런데 그는 늘 몇 명의 불량기 있는 친구들과 어울려 다녔다. 그가 그런 친구들을 데리고 다녔는지, 그런 친구들이 그의 주변에 몰렸는지는 알 수 없지만, 어쨌든 그의 주변에는 그때까지 친구들이 함께하기를 꺼리던 몇몇 친구들이 항상 같이 어울려 다녔고, 뒷배가 되어주는 그의 부작위 앞에서 자행하는 들러리의 횡포가 애매한 친구들을 괴롭히는 밀도가 좀 더 촘촘해지기 시작했다.

그 들러리 중에 초등학교 때부터 한반에서 지낸 친구가 있었다. 함께 어울리는 친구들의 성향이 달라 각별히 친하지는 않았지만, 그리 사이가 나쁠 이유도 없는 친구였다. 그런 그가 중학교에 진학한 뒤 다른 초등학교 출신들과 어울리며 조금 빗나가는 듯했으나 크게 말썽을 부리지는 않았는데, 뒷배보아 줄 새로운 강자의 패거리에 들어간 다음부터 물 만난 고기처럼 그 무리의 행동대장 노릇에 점점 익숙해지기 시작했다. 몇 번의 위기가 있었으나 그럭저럭 졸업은 할 수 있었고, 각각 타지의 고등학교로 진학하는 바람에 헤어진 후 오래도록 만나지 못했다.

강산이 변한다는 시간의 매듭을 서너 번 건너뛴 다음, 퇴직을 하고 다소 여유로운 시간을 가질 수 있었을 무렵, 명절을 맞아 고향집에 들른 김에 친구들을 만나는 자리에 나갔더니 그도 와 있었다. "야! 너 아무개 아니냐? 참 오랜만이다. 고향에 내려오면 연락이라도 좀 하지. 자, 이 친구도 왔으니 오늘 이 자리는 내가 기분 좋게 한 턱 쏠 테니 마음껏 먹고 마시자." 좀 지나치다 싶을 만큼 과장된 몸짓으로 반기는 데는 좀 얼떨떨한 기분으로 대충 인사를 나누고 자리를 잡는데, 다른 친구들의 눈치가 그리 달갑

지 않게 여기는 분위기였다. 자리에 앉자마자 내미는 금배지의 표지가 유난히 두드러진 명함에는 구의회 의장이라는 그의 현재의 위상이 잘 정리되어 있었다. '공부께나 좀 한다던 너희들이 싸움박질이나 하고 다니던 나를 무시했지? 그런데 지금의 결과가 어때? 니들이 보여줄 만한 게 있으면 어디 내어놓아 봐?' 하는 듯한 눈빛에서 어린 날 친구들을 괴롭히던 그 눈빛을 읽어내는 일은 어렵지 않았다.

나중에 잠시 바람 쐬러 나갔다가 다른 친구로부터 들은 그에 관한 내력은, 인접한 대도시의 확장에 따라, 편입된 농지의 가격이 올라 큰돈을 만질 수 있었고, 그 밑천으로 거듭한 부동산투기와 지역출신 국회의원 뒷바라지를 잘 한 덕에 기회를 잡은 이권사냥으로 상당한 부를 축적한 다음, 그 국회의원의 공천으로 구의원 선거에 출마하여 돈 힘으로 당선된 뒤, 몇 번의 당락을 거듭하며 경력을 쌓아 마침내 구의회 의장이 되었다는 내용이었다. 평소에는 친구들에게 바쁘다는 핑계로 밥 한 끼 사는 일이 없으면서 오랜만에 만나는 내 앞에서는 학교 다닐 때 주눅 들었던 열등감의 응어리를 한꺼번에 풀고자 객기를 부리는 것이라는 말도 덧붙였다.

친구들의 그에 대한 촌평은 참 간략했다. '돈과 권력 외는 아무것도 보지 않고 사는 사람'이라는 짧은 한 문장이었다. 가난한 친구를 외면하는 일은 물론, 유산싸움으로 형제들과도 척이 져 오가지 않고 산다는 그의 덧없는 호기에 말려, 못 마시는 술 몇 잔을 받아 마시다가 옆방에 쓰러져 잠이 들었다.

세상은 제 스스로의 질서에 따라 모습지어지고, 보기에 좋든 싫든 규정規整되는 모습 그 자체가 우리가 속한 사회의 알게 모르게 합의된 의지인데, 어느 한 사람의 의지로 세상을 바꿀 수 있을까? 사마귀 한 마리가 달려오는 수레바퀴를 막아서는 그 무모함이 세상을 바꾸어온 역사의 진실을 부인할 수는 없으나, 그 동안 얼마나 많은 사마귀가 바퀴 밑에 깔려 흔적도 없이 사라졌던가를 주목한 사람은 많지 않다.

비단 내 친구뿐일까, 부와 권력만 보고 달려가는 사람들의 행태는? 남송의 선승 지우의 법어에 "사슴을 쫓는 사람은 산을 보지 못하고, 금을 움키는 사람에게는 사람이 보이지 않는다.[逐鹿者不見山 攫金者不見人]"는 말이 있다. 열자列子 설부편說符篇에도 같은 취지의 재미 있는 이야기가 있다. 옛날 중국 제齊나라 사람 중에 금을 탐하는 사람이 있었다. 그 사람이 아침 일찍 일어나 시장으로 가서 금을 파는 곳을 찾아가 금을 훔쳐 달아났다. 그를 붙잡은 관리가 그에게 물었다. "사람들이 모두 그 곳에서 그대를 보고 있었는데도 어째서 남의 금을 훔쳤느냐" 그 사람이 대답했다. "금을 집어올 때에는 사람은 보이지 않고 금만 보였습니다.[昔齊人有欲金者, 淸旦衣冠而之市, 適鬻金者之所, 因攫其金而去. 吏捕得之, 問曰 "人皆在焉, 子攫人之金何?" 對曰 "取金之時, 不見人, 徒見金"]

그렇다. 사람들은 자신이 추구하는 것만 본다. 아픈 사람이 보이고, 굶는 사람이 보이는 눈이 있었다면, 슬픔과 억울함이 질러대는 비명을 들을 수 있는 귀가 있었다면, 4.3과 4.19와 5.18로 이어지는 숫자의 비극이 왜 지속되었으며, 뜻하지 않은 참사로 생살 같은 자녀를 잃고 우는 유가족 앞에서 통닭구이 파티를 즐기며 낄낄대는 광태가 어찌 가능했겠는가? 이 세상의 소리를 들을 수 있고, 사물을 볼 수 있는 인간의 청력이나 시력은 극히 좁은 영역만 허용되어 있음을 모르는 것은 아니지만, 그 가청권이나 가시권 안에서도 얼굴을 돌리는 일이 우리들의 일상이다. 종교지도자를 표방하며 나라의 상징인 태극기를 들고 이 땅의 분열을 획책하고 있는 일이 가능한 현실, 폭 넓게 인간을 포용하자는 종교인들이 오히려 편가름의 전도자가 되는 역설의 작희作戲가 더욱 우리를 우울하게 한다.

서민들의 삶이 보이지 않는 정치인들, 가난한 이웃을 보지 못하는 재벌들, 그들의 자리가 이 세상 모두가 선망하는 목적지라면, 그곳에 갈 수 없는 우리 같은 서민들은 누구이며 무엇 때문에 살고 있는 것일까? '삶 그 자체를 위해서가 아니라, 어떠한 위대한 관념, 삶을 넘어서고, 승화시키고, 삶에 하나의 뜻을 부여하는 일'이 카뮈의 말처럼 기망이고, 희망이라는 도피처일까? '세상의 온갖 비참함보다 더 강한 삶에 대한 인간의 알 수 없는 그 무엇의 애착' 때문에 연명하고 있는 것에 불과한 일이 '던져진 자로서의' 인간이 지닌 숙명일까?

인간의 육신이 갖추어야 할 온전함에서의 결핍을 감당하면서 사는 사람들을 장애인이라 부른다. 분명 그 결핍은 정상인의 관점에서는 불편함으로 인식된다. 그러나 내가 만난 장애인들은 누구도 그 불편을 불평하지 않았다. 그들은 오히려 그 결핍 때문에 인간임을 자각하며 인간의 길을 갈 수 있음에 고마워하고 있었다. 가식이나 의제된 기쁨이라는 기미는 추호도 없었다. 그들은 사람을 만나면 늘 웃는다. 그 웃음이 거짓이 아니라는 것을 모르는 사람은 없다.

삶은 그 자체가 충만이다. 타인이 들어낼 수도, 보충해줄 수도 없는 자기만의 가득참이다. 그 진실을 웅변하여주고 있는 그들에게, 제 갈 길은 잃어버리고 남 따라가느라고 허둥대는 정상인이라 불리는 또 다른 장애인들이 배워야 할 삶의 진실이다. 눈을 바로 뜨고, 귀를 온전히 열어, 제대로 보고, 흘리지 말고 듣자.

숙면

고향집 들른 길에 코흘리개 적 친구들을 만났다. 초등

학교 중학교 내내, 주먹 센 녀석 행동대원 노릇하느라 힘없는 친구들 몹시 괴롭히던 철수 놈도 함께 한 자리, 지금은 무엇 하느냐고 묻는 내게 친구들 괴롭히던 예전의 그 눈빛 불러들여 들이미는 명함에 적힌 구의회 의장이란 고딕체 활자가 주먹질을 한다. 수십 년 지역 국회의원 잘 따라다닌 덕에 얻은 자리라고 귓속말로 속삭이는 다른 친구의 입이 치아교정이라도 해야 할 듯 아래위가 잘 교합되지 않고,

　반성을 모르는 세월과 내 언어로 수식되지 않는 시간의 술어와 개과천선, 개과천선, 헛소리로 돌고 있는 벽시계 앞에 기제사 지내듯 헌주를 하고, 못하는 소주 몇 잔 장희빈 사약 마시듯 억지로 음복하다 그 자리에 쓰러져 잠이 들었다, 오랜만에 문 열어주는 참 편안한 숙면의 방에서.

무궁화꽃이 피었습니다

 모든 동물 가운데서 오직 인간만이 말을 갖고 있다. 소통의 매개 수단으로 같은 개념의 말을 쓰는 인간만이 의사소통을 가장 잘 하는 존재일 가능성은 말을 하지 않아도 자명하다. 그러나 실제로 그러할 것이라는 확신이 없다. 말을 못하는 동물들은 사람처럼 내심과는 다른 뜻을 같은 동작, 같은 소리 안에 숨기는 일을 하지 못할 것이므로 그들 사이의 의사소통 표지인 몸짓언어를 오해할 일은 없지 않을까 싶다. 개념의 한계를 확정하기 어려운 모호성이나 중의적이어서 말의 실체를 가늠하기 어려운 애매성의 뒤에 숨어 진정한 의사소통을 어렵게 하는 존재 역시 사람뿐일 것이다.

지금 우리 사회는 갈등의 구도가 고착되어 있다. 구태여 일일이 예를 들지 않아도 지금 이 땅에 사는 모든 사람이 눈만 뜨면 보고 듣는 이야기가 좌파니 우파니 하는 갈등의 담론들이다. 광화문 광장에 끼리끼리 모인 무리들이 들고 있는, 나라의 상징인 태극기의 의미가 서로 같지 않다는 사실을 모르는 대한민국 국민은 아무도 없다. 조선일보에 민주주의에 대한 논설을 쓰는 정치평론가와 한겨레신문에 같은 주제로 칼럼을 쓰는 대학교수의 민주주의가 머리부터 발끝까지 닮은 데가 별로 없다는 사실도 우리는 예사로 보아 넘긴다. 국민이라는 말도, 민중이라는 말도, 인민이라는 말도, 다 같이 나라를 구성하고 있는 사람들을 일컬음인데 정작 사람들은 그 말들에 제 나름대로 색칠을 하고, 화장을 하고, 옷을 입혀 내편 네편 선을 긋기에 바쁘다.

언어가 이미 만들어져 있는 것이 아니라 연속적인 생기生起의 과정에 있는 생성물로 보는 관점에 따르면, 어쩌면 우리가 하고 있는 오늘의 말들이 그 자체의 생명력으로 변이하고 있는 중이라는 말로 언어의 불확정성 자체에 오늘의 갈등을 책임 전가할 수도 있을 것 같다. 사실상 신화는 언어가 지닌 내재적인 결함의 보충적 성격으로 생겨났다고 한다. 신화보다 선행하는 언어의 본질적 외연의 애매성이 이미 갈등의 요인을 내포하고 있는 셈이다.

태극기만큼 자의적인 해석을 가능하게 하는 또 다른

상징인 무궁화가 있다. '무궁화꽃이 피는' 일은 잠들었던 우리 민족의 각성과 분발의 계기로 읽힌다. 그러면서 무궁화 사랑이 나라사랑이라고 가르친다. 그러나 정작 집안 정원에 무궁화를 심어두고 즐기기보다는 그 이름만 즐기는 국민이 다수라는 사실이 우리를 서글프게 한다. 시도 때도 없이 '나라와 국민'을 사랑한다고 외치고 다니는 한 떼의 군상들이 있다. 그들의 '나라와 국민'은 수식어 없는 명사에 지나지 않는 언어의 착종은 아닐까?

"아는 이 말하지 않고, 말하는 이 알지 못한다. 그 입을 막고, 그 눈과 귀의 문을 닫으며, 그 날카로운 지혜를 꺾고, 어지러운 잡된 생각을 풀며, 그 빛을 누그러뜨려 감추고, 그 티끌마저 같이하니 이를 까만 같음이라 한다.[知者不言 言者不知 塞其兌 閉其門 挫其銳 解其紛 和其光 同其塵 是謂玄同]"

노자가 한 이 말은, 세상의 모든 사물이 같지 않음을 인정하면서도 그걸 하나로 보자는[玄同] 뜻이다. 그러기에 안다고 다 말하지 않고, 말한다고 다 아는 것이 아니라는 말이다. 지금 우리들이 해야 할 일은 차라리 입을 닫고 귀만 여는 일이다. 그래서 모든 말들의 가시를 제거하고 서로의 따뜻한 손길로 다듬어 동그란 까만 하나가 되는 길을 여는 일이다.

어릴 때 숨바꼭질을 한 기억이 난다. 술래가 눈을 감고 수를 세는 동안 다른 애들이 술래에게 들키지 않도록 움직여 술래에게 가까이 가는 놀이다. 그 때는 술래가 "하나, 둘, 셋…" 하고 열까지 수를 세는 형식인데, 이제는 수를 세는 시간을 단축하는 방법으로 열 글자로 된 '무궁화 꽃이 피었습니다.'를 반복하여 미리 정한 수를 채우는 정돈된 형식으로 굳어진 것 같다. 일본의 자체놀이인지 아닌지는 모르겠지만 일본의 '달마가 넘어졌다だるまさんが 轉ん'는 놀이에서 유래한 것이라는 게 정설인데, 지금의 우리 노랫말은 일제 강점기 우리나라 무궁화 보급에 앞장섰던 남궁억 선생이 만들었다는 주장이 가장 설득력 있게 전해지고 있다.

학명 히비스커스 시리아커스 린나에우스Hibiscus syriacus Linnaeus가 뜻하는 바를 살펴보면, 이집트의 아름다운 '히비스'신을 닮았다는 뜻을 취해 히비스커스로 속명屬名을 삼고, 명명자가 자생지로 믿었던 시리아를 종명種名으로 삼은 것으로서, 무궁화의 원산지를 시리아로 본 것이지만, 학계에서는 시리아라기보다는 인도와 중국이라는 설을 가장 유력하게 받아들이고 있다. 우리나라에서는 우리 꽃이라 주장할 만한 자생지가 지금까지 발견되지 않아 원산지 주장에 끼어들 여지는 많지 않다. 다만 오래 전부터 한반도에 무궁화가 자생하고 있었던 사실은 여기저기서 확인된다. 중국의 기서인 「산해경山海經」 제9권 해외동경

海外東經편에 "군자의 나라가 북방에 있는데 의관을 갖추고 칼을 차고 있으며, 짐승을 잡아먹고, 무늬 있는 호랑이 두 마리를 옆에 두고 부리며 서로 양보하기를 좋아해 다투지 않는다. 무궁화가 있어 아침에 피고 저녁에는 시든다.[君子之國在其北 衣冠帶劍 食獸 使二文虎在旁 其人好讓不爭 有薰花草 朝生夕死]"는 내용이 있는데, 여기의 군자국이 우리나라이고, 훈화초가 곧 무궁화라고 한다. 중국 진나라 최표가 엮은「고금주古今注」의 "군자의 나라는 지방이 천리나 되는데 무궁화가 많더라.[君子之國 地方千里 多木槿花]"는 내용이나, 중국의 구양순 등이 편찬한「예문유취藝文類聚」의 "군자국에는 무궁화꽃이 많은데 백성들이 그것을 먹는다.[君子之國 多木菫之華 人民食之]" 등의 기록들이 이를 뒷받침하고 있어, 한반도에 수천 년 전부터 무궁화가 널리 자생하고 있었다는 사실이 입증된다.

"장로 문공文公과 동고자 박환고朴還古가 각기 무궁화의 이름을 가지고 토론하였다. '無窮'이라고 주장하는 측은, 이 꽃이 피고 지는 바가 끝이 없으므로 '無窮'이 좋다고 하고, '無宮'이라고 이르는 편에서는 옛날 임금님이 이 꽃을 너무도 사랑하여 왕후의 여섯 궁전(정침正寢 하나에 연침燕寢 다섯)이 모두 빛을 잃었다고 하니 '無宮'이 더 좋다고 고집을 부려 결정을 보지 못했다."

이규보의 『동국이상국집』 제14권 고율시古律詩 가운데 있는 내용이다. 이로 보아 고려조에서부터 무궁화는 지금의 이름으로 굳어져 왔음을 짐작케 한다. 일제의 강압통치 시대에 무궁화 말살정책을 펼치지 않았다면 원산지를 다툴 만한 오래된 무궁화가 아직도 남아 있지 않았을까 하는 아쉬움을 떨쳐버릴 수 없다. 독립운동을 하던 선인들이 이 꽃을 나라의 상징으로까지 귀하게 여겨온 뜻이 짐작된다. 그러나 지금은 예전에 가지고 있던 구심력을 상실한 '나라 꽃'이 되어버린 무궁화, 우리 꽃이라고 강변할 수도 없는, 그런 힘 빠진 상징으로 외돌지만, 나부터라도 오는 봄에는 뜰 안에 무궁화 몇 그루 심어볼 작정이다.

무궁화꽃이 피었습니다

이 땅에 야생마가 제멋대로 뛰놀던 시절, 말뚝에 잡아매어둘 수 없는 말을 말이라 명명할 때부터 말은 늘 길들지 않는 말[馬]이었다. '사드'가 강력한 주제의 말로 온 나라를 휘젓고, 그 말을 타고 오는 민주주의가 말발굽보다 난폭한 질주를 한다. 이 나라 국민의 교육을 맡은 높은 사람이 명명백백 정의한 대로, 개돼지인 민중은 민주의 민은 아닐 테고, 주체도 모르고 조현병調絃病을 앓고 있는 이 시대의 민주주의. 백성 누구에게도 물어본 일 없는 민의와 폭력의 숭배자들이 휘두르는 정의, 폭력으로 포장되지 않은 민주주의가 어디 있느냐, 폭력으로 폭력을 제거해야 한다는 한 번도 성공한 적 없이 지속되는 힘의 발상들, 그래서 '사드'가 구원은 아니라는 생각이지만, 그밖에 길이 없다고 자기최면을 걸고 있는 조국.

매미는 매미의 어법으로 울고, 풀벌레는 풀벌레의 화음으로 어둠을 채우고, 무궁화꽃은 무궁화꽃의 장법章法으로 공간을 마름질하는 한철, 아사달, 사임당, 춘향, 계월향, 설악, 탐라, 한양, 아리랑, 새한, 단심, 평화, 통일……, 백여 종이 넘는다는 우리 나라꽃[國花]
그러나 우리 꽃은 아닌.

여백 남기기

　열 살 무렵 떠난 고장이라 절절한 추억 같은 게 남아 있을 리 없는 고향이지만, 아직도 잊혀지지 않는 함안군 군북면 유현리 232번지 내 원적지의 지번을 마음속에 되뇌는 것만으로도 마음이 따뜻해진다. 마을 어귀에 선산이 있고, 큰누나가 아흔의 나이로 그 시가媤家의 고향집을 지키고 있어, 두루 살피고 만나야 하는 참이라 해마다 찾아가곤 하는 곳이다. 남해고속도로 함안분기점에서 내려 잘 포장된 지방도로를 따라 한 십리쯤 달려가면 이르는 곳이지만 갈 때마다 달라지는 길 때문에 길을 잃고 헤맨 적이 한두 번 아니다. 어릴 때 가제 잡던 골짜기는 어딘지 짐작도 가지 않고, 예전에 걸어서 어머니 따라 가야伽倻 장터로 향하던 길은 흔적도 없이 사라져버렸다. 내가 다니던 초등학교도 폐교가 되어 지금은 다른 용도로 쓰이는 것 같고, 마을 앞 연못도 연못이라기보다는 큼직한 웅덩이쯤으로 졸아들었다. 집들은 바뀌었지만 마을의 구도만은 옛 모습 그대로를 유지하고 있어 조금은 위안이 되기도 한다. 10년이면 강산이 변한다고 하는데, 벌써 일곱 번은 바뀌었을 강산이라 생각하니 그 변화가 그리 놀랍지도 않다.

전후의 빈곤을 기억하고 있는 최후의 세대인 지금 70대에 이른 연배들의 눈에는 오늘의 현실이 그대로 기적으로 비친다는 데 이의를 제기할 사람은 없을 것이다. 내가 군 복무를 할 때만 하여도 부산 제2부두이든가, 제3부두이던가 지금은 그 위치를 기억하지도 못하지만 육군 항만사령부 소속 부대에서 군원물자 검수교육을 받은 일이 있다. 성조기와 태극기를 배경으로 한 커다란 손이 악수를 하는 그림에 쌓인 시멘트 포대를 하역하는 일이 그 부대의 주된 일과였다. 다행히 교육이 끝난 다음에는 다른 관구지역으로 배치되어 그런 작업을 하지는 않았지만, 그때 내가 배운 교육의 내용은 군원물자 포장지에 표시된 물품의 종류, 하역항, 수량 등을 읽는 일이고, 한편으로는 하역하는 목재의 재적을 계산하는 일 들이었다. 초등학교 교과서 뒤쪽에 "이 교과서는 미국와—미국인지 유엔인지 기억이 정확하지는 않다—원조로 제작되었다. 문교부장관

백낙준"이라는 취지의 그 책이 만들어지는 과정의 고마움까지 배워온 우리 세대로서는 당연한 일로 받아들였지만, 다시 생각하면 참 부끄러운 자화상이라 아니할 수 없다.

그토록 세계에서 가장 빈곤한 나라가 10대 경제대국으로 올라섰다. 미국 대통령이 우리더러 '부자나라'로 부르면서 방위비 분담금의 인상을 강요하는 지경에 이르렀다. 이렇게 성장하는 동안 얼마나 많은 변화가 있었던가? 늘 다니던 도시마저 몇 달 만에 찾아가면 낯이 선데, 전쟁통에 순국한 분들이 다시 살아서 돌아온다면 제 고향집을 한달음에 찾아갈 수 있는 사람이 몇이나 될까 싶다.

참 많이 변했다. 그리고 지금도 그 변화는 진행형이다. 일 때문에 서울의 시가지를 다닐 때의 일이다. 지하철 공사에다 도로확장공사, 상하수도의 교체나 수리, 전신전화선의 설치, 이런저런 공사로 막힌 도로로 인한 교통체증으로 울화를 터뜨리는 동료들과 나눈 말들이 기억난다. "우리 세대는 그냥 이대로 살다가 죽는 수밖에 없을 거야" '지하철 ○호선 공사가 끝나면 교통 사정이 좋아질 것이다.' 하는 순간 또 다른 공사가 시작된다는 사실을 예견하고 한 이 말은 경험이 미리 알려준 지혜 아닌 지혜다.

집밖으로 나서는 순간, 산이 헐리고, 논밭이 돋우어지거나 낮추어지는 현장을 만나는 일은 일상이 되었다. 얼마간의 기간이 지나면, 무슨 쇼핑몰이니 할인매장이 들어서고, 때로는 모텔, 호텔 요란한 조명으로 낯을 전송하는 모습을 볼 수 있을 것이다. 횡재의 마지막 기회라도 되는 듯 공짜로 줄 것 같은 아파트분양 광고 현수막이 펄럭거리기도 한다. 여기저기 새 길을 닦고, 좁은 길을 넓히는 요란한 중장비 소리도 그칠 날이 없다. 그런데 어쩐 일인지 고속도로가 늘어나면 늘어날수록 교통체증이 해소되기는커녕 갈수록 도로의 혼잡만 가중될 뿐이다.

인간은 욕망을 채울 수 없는 존재다. 어떤 욕망이 이루어졌다 싶으면 다른 욕망이 고개를 든다. 인간의 질주 욕망을 도로의 제공으로 만족시킬 수 있을까? 이젠 길은 그만 만들었으면 싶다. 고속도로가 막혀 자가용 승용차로는 다닐 수 없다고 생각될 때까지 방치하다보면, 나름대로 빠르다고 생각하는 대중교통수단을 이용하게 될 터, 굳이 승용차를 고집할 이유도 없을 것이다. 물류비용이라든가 하는 경제적 측면의 또 다른 문제라면, 아예 화물전용도로를 지정하는 편이 모든 차량이 혼재하는 지금의 상황보다는 나을 것이라는 생각이다. 서울까지 두 시간 걸리던 길을 한 시간에 간다고 우리 삶이 더 넉넉해지고 행복해지기라도 한다는 말인가? 인간이 그 아낀 시간을 유용하게 인류의 행복증진을 위해 쓸 수 있을 만한 보편적인 자격을 갖춘 존재일까? 또 그런 계기를 기계의 틀처럼 짜인 구조로 빈틈없이 채워갈 만큼 완전한 존재인가?

"사람을 다루고, 하늘의 뜻을 섬김에 '아낌'만한 것이 없다. 그저 오직 아낌, 이를 일러 일찍이 근본으로 돌아감이라 한다.[治人事天莫若嗇 夫唯嗇 是謂早服]" 노자의 이 말이 아니더라도 이제는 이 땅의 사정을 돌아보아야 할 때가 된 것 같다. 지구환경의 파괴가 거듭 경고를 받고 있는 이때, 젖먹이에게 수십억의 재산을 증여하는 재벌들의 그 비뚤어진 마음이라도 빌려, 모든 인류가 나의 직계 손자라는 심정으로 이 땅을 후손들에게 일찌감치 넘겨주어 그들 스스로의 생각으로 개발하고 이용하도록 아껴두어야 할 일이다. 이 땅은 누구의 소유도 아니다. 우리가 할 일은 잠시 빌린 이 땅을 주인에게 돌려줄 때까지 보살피고 다듬는 관리자의 역할을 차질 없이 수행하는 일일 뿐이다. 신의 가피加被 없이 우리 스스로 산은 산으로 두고 물은 물로 있게 할 때, 선승이 아니라도 입에서 절로 나오는 말이 있다. 산은 산이고 물은 물이다.

여백－동화리일기 50

우리네 옛 산수화
첩첩한 산속
보일 듯 말듯 두어 채 오두막
한가한 낚싯배 한 척, 그리고
빈들이다.

문막에서 원주시내로 들어가는 국도변

동산 하나 통째로 지우고
새 그림 준비에 분주하다.
양평군 개군면 37호 국도 옆
논 가운데 우뚝 선
'비바체'인가 하는 낯선 이름의 아파트, 아니면
골프 연습장에 불가마 찜질방
아마도 그 비슷한 그림이 그려질 것 같다.
점점 줄어들고 있는 평야지대에도
대규모 공단 그림이 예정되어 있다고 하고,

제한된 화폭
너무 부지런해서 탈인 우리 세대가
욕심대로 지우고 그리다 보면
후손들은 어디에 무슨 그림을 그릴 수 있을까.

우리 그림이 자랑하는
여백의 미
그 빈자리가 사라지고 있다.

문 열어줄 사람을 기다리며

 바깥바람이 세차다. 겨울보다 추운 이른 봄의 인사가 매섭다. 불어오는 바람을 홀로 견뎌내어야 하는 외딴집이라서, 이불 밑에서 체감하는 꽃샘추위의 위력은 실제보다 더 과장하지 않고는 표현하기 어렵다. 밤새 바람소리 더불어 무엇인가의 필사적인 퍼덕거림이 뒤편 부엌 바깥의 베란다에서 밀려온다. 간헐적으로 들려오는 그 소리가 귀에 거슬리긴 하지만, 잠자리를 박차고 나가볼 만큼 절실하지도 않고, 가끔 반복되는 일이라, 이미 그 진상을 짐작하고 있는 처지에서 밤잠을 설칠 이유도 없어, 아침에 일어나 베란다로 나가보았다.
 예견한 대로 박새 한 마리가 출입허가도 없이 들어와

있었다. 출구를 찾느라 저도 밤샘을 한 탓에 지쳐 쉬고 있는 중이다. 내가 베란다로 들어서자 위험을 인지한 그 놈은 다시 이리저리 내 머리 위를 절박하게 오간다. 창문을 열어주는 내 호의에도 불구하고 내가 서 있는 열린 창문 쪽으로는 잘 다가오려고 하지 않다가, 어느 순간 아무 일도 없었다는 듯 고맙다는 인사도 없이 바깥으로 날아간다. 매번 느끼는 일이지만 창문은 견고하게 닫혀 있고, 지붕 쪽에도 이렇다 할 구멍이 없는데, 어떻게 들어올 수 있었는지 짐작이 가지 않는다. 아무튼 틈이 있으니 들어왔을 터이고, 들어오고 보니 들어온 구멍이 너무 비밀스러워 이제는 도리어 출구를 찾지 못해, 밤새 베란다의 구석구석을 맨몸으로 부딪쳐가며 탈출을 기도해온 것일 게다.

이 경우는 그래도 좀 나은 편이다. 나중에 자세히 살펴보니 보일러실에서 나가는 연통과 창문틀 사이에 약간의 틈이 있어 박새의 일탈이 전혀 불가능한 일은 아니었음이 판명되었다. 그러나 여름철에서 가을까지 자주 겪는 벌레들의 혼란은 아직도 풀리지 않는 의문이다. 안쪽에 나무로 된 창문이 있고, 바깥쪽에는 알루미늄 창문이 한 겹 더 보호막을 형성하는 이중창문인데, 그 한쪽에는 방충망까지 있어, 모기 같은 작은 것들은 몰라도 귀뚜라미나 말벌 같은 비교적 몸집이 큰 것들이 들어올 틈은 없을 것 같은데, 바깥 창문을 무사통과한 다음 안쪽 창문마저 넘보는 요란한 날개 짓을 만나면 당혹스럽다. 그대로 버려두기에는 그 소음이 예사가 아니고, 살충제라도 뿌리기에는 너무 야박한 것 같아 늘 창문을 열어 바깥으로의 탈출을 유도한다. 그런데 어떤 놈들은 굳이 방안으로 잠입하는 바람에 나까지 살생의 업을 짓게 한다. 내가 아무리 너그러워도 내 일상의 평온까지 해치는 놈들에게 더 이상 자비를 베풀 처지는 아니기 때문이다.

생각해보면 박새나 말벌이 무슨 의도가 있어 들어온 것 같지는 않다. 다만 본능적으로 그 쪽이 먹이를 구하거나 지내기가 좋은 공간이라는 직감에 끌려 들어왔다가 당하는 비극이라고 봐야 할 것이다. 우연히 가서 멈춘 곳이 창문 틈이고, 그 틈에 한사코 몸을 문지르다보니 어느 순간 그 안으로 들어갔고, 정신을 차리고 다시 나올 구멍을 찾았으나 찾지 못하고 허둥대고 있었다는 고난의 사연이, 그들이 쓸 전말서의 내용이 될 것이다. 마침 구원자가 제때에 임하여 해방시켜준 일은, 그들의 절박하고 간절한 기도 덕분이라고, 감사의 의례적인 수사 한 마디도 덧붙일 만 하지 않은가?

사람이라고 다를까? 자고나면 들리는 소문은 사람들의 어리석은 행태로 빚어진 촌극이다. 돈으로 유혹하고, 권력으로 손짓하고, 명예로 부추기는 욕망의 틈새에서 얼마나 많은 사람들이 길을 잃고 전락해 갔던가? 지족선사를 파계에 이르도록 한 황진이의 그 무기, 인류의 시원에서부터 지금까지 한 번도 멈춘 일 없는 성적 욕망의 흡입력은 지금도 광역단체장을 연달아 잡아먹고, 'n번방'이라는 악마의 동굴에서 코로나19의 전파력을 비웃고 있다. 박새와 말벌은 오히려 그 무지로 인하여 용서받을 길은 있을지 몰라도, 사람에겐 그 일조차 불가능할 것이라는 전망이다. 사람은 자신의 의지로, 자신이 만든 출구 없는 창틀 안으로 스스로 들어가는 존재이다. 늘 자신은 그곳이 출구 없는 감옥이라는 사실을 전혀 몰랐다고 강변하지만, 그 누구도 그 사실을 믿어줄 만큼 어리석지 않다. 이미 거기가 어떠한 곳인지는 누구나 알고 있는 보편적 인식의 공개된 영역이기 때문이다.

여기서 우리는 근본적인 질문 하나를 던질 수밖에 없다. 그럼 '나'는 그 일에 초연할 수 있을까? 개인차나 정도의 문제를 떠나서 돌아본다면 그 일에 자유로울 사람은 아무도 없을 것이다. 그 일들 자체가, 배치만 잘못되지 않으면, 우리의 삶을 구성하고 있는 아기자기한 장식품이기 때문이다. 조국이 그렇고, 가족이 그렇고, 주일이나 초파일이면 어김없이 찾아가는 예배당이나 절집이 늘 올바른 배치 속에 구도 잡고 있는 것은 아니다.

시를 쓰고 그림을 그리고 악기를 연주하며 노래를 부르는 일일수록 개인에 따라서는 아우슈비츠이고 알카트라즈일 수도 있지 않을까? 일반인들보다 높게 나타나는 예술인들의 정신질환이나 자살률 통계가 예사로울 수 없는 까닭이다.

흔히 인간을 세상에 '내던져진 존재'라고 규정하기도 하지만, 그 일생을 더듬어보면 오히려 옆에 있는 사람들과 함께 자신을 창조하여가는 '함께 묶인 항해자'라는 생각이 든다. 인간은 완성된 창조물이 아니라 지속적으로 창조되어가고 있는 과정 중의 존재이고, 그 창조의 주체는 '나' 개인만이 아니라 내 주위의 모든 사람이다. 나를 조탁하는, 나를 만드는 자는 나와 관계 맺고 있는 모든 이웃들이고, 나 역시 이웃을 창조하는 상호수동적 존재이기도 하다. 실상은 그런 공동의 만드는 자이면서 만들어지는 자의 이중적 역할을 외면함으로써 우리 인간의 소외 문제가 비롯되고, 타인을 유기하거나 학대하는 폭력이 설 자리를 얻게 된다. 그런데 이 사회는 점점 자폐의 공간만 넓혀가고 있는 양상이다. 몇 시간을 같은 좌석의 옆자리에 앉아 여행을 하면서도 한 마디 대화나 눈인사도 없이 스마트폰만 들여다보는 유령들의 세계가 되어 간다. 서로 문을 열어주어야 하는 존재, 그러나 문을 열어주려 다가오는 사람은 없는 사회가 오늘의 개인지상주의의 세계다.

"세상은 생각하는 사람에게는 희극이고, 느끼는 사람에게는 비극이다." 18세기의 영국 문인 호레이스 월폴이 한 이 말을 조금 비틀어보자. 인생은 함께 가는 사람들에게는 희극이고, 홀로 가는 사람에게는 비극이다.

말벌-동화리 일기 52

내실 이중창 사이
말벌 한 마리
이쪽저쪽 유리창에 몸을 부딪는 충격음
사력을 다한 날갯짓 소음
초저녁 선잠을 깨운다.

창문 열고
밖으로 내보낸 뒤
아무리 살펴보아도
말벌 크기 들어올 만한 틈이 없다.

어디로 들어온 것일까?

지금 내 이름 석 자를 규정하는
겹겹의 울타리
틈 없기는 매한가지.

다시 자리에 누운 나는
밤새 말벌이 되었다.
조국이, 가족이, 시가, 종교가…
완강한 창문 사이,

그러나 아무도 오지 않았다,
창문 열어줄 사람.

끝나지 않은 이야기

　내 어린 날 기억의 편린을 들추어보는 일이 요즘 부쩍 잦아졌다. 나이 탓이기도 하고, 지금에야 그 시절 어른들의 고뇌를 되짚어볼 여유를 갖게 된 내 철겨운 깨달음 때문이기도 하다. 초등학교 고학년 무렵, 내가 성장기를 보낸 김해의 남쪽지역은 남해바다와 가까워, 하구의 제방이 있어도 염수가 역류하여 김해평야의 논농사에 지장이 있었던 모양이다. 그래서 전쟁의 후유증으로 서민의 생활이 무척 어려웠던 상황에서, 지금 생각해보면 일자리 창출의 효과도 노린 토목공사였던 것 같은데, 지금 대동에서 양산으로 건너가는 교량이 있는 지점의 낙동강 본류에서 담수를 끌어 서낙동강으로 유입하는 인공하천 영동천을 조성하는 공사가 시행되었다. 마침 아버님이 그 공사의 한 공구를 책임 맡아, 당시는 장비가 없었으므로 순전히 인력만으로 일정한 깊이의 하천바닥이 되도록 흙을 파내고, 그 파낸 흙으로 양쪽 둑을 쌓는 방식이었다.

주로 농한기인 겨울철에 공사를 했는데, 수십 명씩의 인부가 나와서 도급제로 구획 지워진 일정 분량의 흙을 져내는 일을 했다. 일하는 사람들은 인근의 주민들이 대부분이지만 타지에서 일거리를 찾아오는 분들도 적지 않았다. 그들은 공사장 한편에 만든 임시숙소에서 기거를 하거나 동네 사랑채를 빌려 지내기도 했는데, 그 중에 한 분은 아버님과 동년배로 저녁이면 우리 집에 자주 찾아와 몇 시간씩 놀다가곤 했다. 내 기억에는 성이 강 씨라는 것 말고는 성함이 무엇인지는 그때도 몰랐던 것 같다. 아버님도 '강형' 하고 불렀지 이름을 부르지 않았기 때문이다. 지금 생각해보면, 훤칠한 키에 귀공자형인 데다 상당히 유식해서 내게 모르는 한자도 읽어주고, 가르쳐주기도 했다. 무엇보다 그 아저씨가 좋았던 것은 내가 고향에 두고 온 자신의 막내아들 나이와 비슷하다면서 나를 무척 귀엽게 배려해주셨기 때문이다. 또 하나, 내가 옛날이야기를 해달라고 하면 낮 동안의 그 고된 노동으로 쉬어야 할 처지임에도 한 번도 거절하지 아니하고 우리나라와 중국을 오가며 여러 위인들이나 현인들의 이야기는 물론 평안도지역의 민간 설화까지 재미있게 전해주셨다. 아버님이 중간에 개입하지 않으셨으면 밤을 새워서라도 내 호기심을 충족시켜주실 태세였다. 학교에 가서 내 친구들에게 자랑삼아 그 아저씨한테 들은 이야기를 하는 바람에 친구들까지 찾아와 서너 명씩 모여 이야기를 듣기도 하고, 가끔은 동네 형들이나 어른들이 곁을 들기도 했다.

아버님을 통해 들은 바로는, 평안도에서 천석꾼으로 잘 살았다는 것과 북한 공산당을 피해 2남2녀의 자녀와 아내를 고향에 남겨두고 혼자 남쪽으로 내려왔고, 고향에 돌아갈 때까지 혼자서 살다가 가족을 만날 작정이라면서 재혼도 하지 않고 지내는 형편이라고 했다. 강감찬 장군의 후예라며 들려주시던 강 장군의 초인적 능력의 일화나, 평안도의 민간설화로 떠돌던 이야기 한 자락이 아직도 내 기억에 남아 있다. 강감찬 장군의 이야기는 이미 잘 알려진 이야기라 재론할 필요도 없지만, 그 아저씨의 인척이기도 한 어느 한의원韓醫員의 생질과 관련한 이야기는 참 신기했다.

그 의원의 누이가 죽고 매부가 후처를 들인 후, 그 누이의 아들인 생질이 자꾸만 초췌해가는 모습이 이상해 외가로 불러 며칠을 데리고 있으면서 확인한 결과 그 계모가 전처소생 아들을 제거하려고, 겉으로는 아주 좋은 식단을 꾸려 잘 양육하는 척하면서 실질은 몸에 해로운 것만 편식토록 함으로써 건강을 악화시켰다는 것이다. 한의원인 그 외숙이 생질에게는 그 의심되는 이야기를 숨긴 채 식사습관을 바꾸도록 자세히 가르치고 수시로 확인을 하자, 자신의 의도가 탄로난 줄 눈치 챈 계모가 회심을 하고 그 전처소생 아들을 훌륭하게 뒷바라지해 끝까지 그 아들에게 좋은 어머니로 남았는데, 그 여인이 죽은 다음 장례와 삼우제 절차까지 마친 뒤에야 그 이야기를 들려준 외숙으로 하여 비로소 그 사실이 아들은 물론 다른 사람에게도 알려졌다는 줄거리의 권선징악을 주제로 한 이야기였다.

그 한의원의 웅숭깊은 배려에 감격을 하면서도, 이왕이면 혼자만 알고 끝까지 누설을 하지 않았으면 더 좋았지 않았을까 하는 아쉬움이 남는 이야기였다. 역시 '임금님 귀는 당나귀 귀'이고, 삭여지지 않는 토사물일 수밖에 없었다. 그렇게 한 해의 겨울이 다 지나갈 즈음, 낯선 어른 두 명이 찾아와 아버지를 비롯해 여러 어른들에게 무엇인가를 물어보고, 내게도 그 아저씨가 들려준 이야기의 내용을 묻기도 하면서, 그 아저씨와 함께 간 뒤, 그 아저씨는 다시는 돌아오시지 않았다. 그를 찾아온 사람들이 김해경찰서의 형사라는 말도 나중에 커서야 알았다. 지금도 확신하지만 그 아저씨에게는 아무런 잘못이 없었을 게다. 무슨 이야기를 했느냐고 묻는 그들에게 내가 한 말도, 강감찬 장군이나, 이순신 장군 이야기나 회심한 계모의 이야기들을 들은 사실 뿐이었다.

그런데 왜 그 아저씨는 그 뒤 한 번도 우리 집을 찾지 않았을까? 워낙 깔끔한 성격이라 자신의 주변 사람들을 성가시게 하는 일이 싫었는지도 모른다. 아니면 진실보다는 한 건의 실적을 위해 온갖 조작과 폭력을 일삼던 어두운 시절의 공권력이 그 아저씨를 다치게 하지는 않았을까. 늘그막에 와서야 자꾸만 오랜 기억을 자극하는 그 아저씨가 정말 보고 싶다. 하지만 지금쯤 인간의 희망 한계 수명인 120세를 넘어설 나이인 만큼 이 땅의 사람일 수는 없을 터, 차라리 육신을 벗고, 가고 싶어 하시던 고향 땅에 가 계실 것만 같은 생각이다. "아저씨, 행복하시지요?" 갑년이 지나서야 비로소 큰 절을 올린다.

끝나지 않은 이야기

그는 멋쟁이 아저씨였다.

훤칠한 키에 귀티 흐르는 용모의 미남이었고, 행색은 초라해도 늘 당당한 부자였던 그, 초등학생 내 또래의 막내아들 위로 아들 하나 딸 둘, 인근에서 가장 예쁜 아내와 하루 종일 걸어도 끝까지 닿을 수 없었던 자신의 땅을 모두 두고 왔노라던 그는, 한때 열렬한 인민의 벗이었다가 마침내 인민의 적이 되어 잠시 남쪽으로 왔을 뿐이라고, 귀향길 가볍게 돌아가기 위해 새로운 가정은 꾸릴 생각 없어 단출하게 떠돈다는 막노동꾼, 함께 일하는 사람들 말로는 아직도 막일이 서툴다는데 온 동네 애들에게는 가장 인기 있는 아저씨, 끔찍이 애들을 좋아해 끊임없이 들려주는 구수한 옛날이야기, 북쪽 고향주변 사람살이의 일화로 우리 집 사랑방 늘 좁게 만들더니, 들일에 지친 어른들까지 밤마다 불러 모아 북적이던 어느 날 사복차림 형사 둘이 우리 집을 다녀간 다음 그는 다시 오지 않았다.

10년 전에 아흔두 해 이 땅의 삶을 채우고 떠나신 우리 아버지보다 서너 살 위라고 했던 그는 지금 어디를 떠돌고 있을까. 얼어붙은 두만강을 건너려는 손자손녀의 머리맡에 앉아 주저리주저리 세기를 넘나들던 이야기를 풀고 있을까. 아직도 뚫리지 않은 북쪽 길 덧에 갈수록 낯설기만 한 남쪽 땅 여기저기 떠돌며 언제 끝날지 모르는 서럽고 아픈 이야기들 꾸러미꾸러미 쏟아붓고 있을까.

과잉과 결핍

　세월이 갈수록 익숙해지는 것이 삶의 방식이고 사물을 보는 눈인데, 나는 나이 들수록 세상이 낯설고 내 삶이 서툴어지기만 한다. 물 뿌려 쓸고, 묻는 말에 응대하며, 나아가고 물러날 줄을 알고, 어버이 사랑하고, 어른을 공경하며, 스승을 높이고, 친구들과 다정하게 지내는[灑掃應對進退, 愛親敬長隆師親友] 일이 삶의 근본이라고 소학의 삼절사도三節四道로부터 비롯한 가르침을 받으면서 성장한 우리 세대가 모두 나처럼, 대체로 어리둥절한 자세로 하루하루를 맞이하고 있는 게 아닐까 하는 생각을 하게 된다. 새로운 조류潮流와 관습의 충돌, 단순했던 우리 삶의 친근한 어휘들에 대한 개념의 굴절, 기피하고 우회하던 특정 언어의 굴절 없는 투사(投射)들을 참아 내거나 따라가는 데는 적잖이 힘이 부친다.

민주주의의 꽃이라 할 지방자치단체의 자율적 행정력의 강화에 힘입어, 기초단체마다 독자적인 사업을 경쟁적으로 벌이는 통에, 조그마한 근거라도 있으면 너도나도 관광자원으로 활용하고자 기발한 사업을 구상하고, 성공적으로 실현하고 있음은 다 아는 사실이다. 그러다보니 전국의 각 시군이 비슷비슷한 주제의 사업을 차별화 없이 답습하기도 하고, 가끔은 옆으로 빗나가 눈살을 찌푸리게 하는 일도 한둘이 아니다.

몇 해 전 동해안의 어느 시에서 한국문인협회가 주최하는 전국적인 행사가 있었다. 주된 행사를 끝내고 다음날은 관내 관광을 하고 헤어지는 절차에 따라 동해안의 해신당공원을 찾았다.

'옛날 이 지역 마을에 결혼을 약속한 처녀 애랑과 총각 덕배가 살고 있었다. 어느 날 해초작업을 위해 덕배는 해변에서 조금 떨어진 바위에 애랑을 태워주고 다시 돌아올 것을 약속하고 돌아간다. 그런데 갑자기 거센 파도와 심한 강풍이 불어 애랑이 바다에 빠져 죽고 만다. 이후 이 마을에는 애랑의 원혼 때문에 고기가 잡히지 않는다는 소문이 돌게 된다. 어느 날 바다에서 빈손으로 돌아온 어부 한 사람이 바다를 향해 욕을 하며 오줌을 누었는데, 다음날 고기잡이 나갔던 어부들 중 그 어부만 만선으로 돌아왔다. 이 사실을 알고, 고기잡이를 나갈 때 어부들이 바다를 향해 오줌을 누었더니, 역시 오줌 눈 어부들은 모두 만선을 이루는 것이었다. 그 뒤 마을사람들은 아예 애랑이 죽은 바위가 보이는 산 끝자락에 애랑의 사당을 짓고, 매년 정월대보름과 음력 시월 첫 오일午日에 남근을 깎아 매달아 제사를 지내는 풍습이 전해지고 있다.'는 전설과 마을의 관습에 기초하여 남근조각으로 조성한 공원이었다.

그런데 과한 것은 차라리 조금 모자라는 것보다 못하다는 생각이 들었다. 어느 군부대의 의장대가 도열하듯 등신대 이상의 남근들이 과장된 귀두를 자랑하며 줄지어 서 있는 모양이, 늙은 남자인 내 눈에도 민망한데, 관람객의 대부분인 여자들은 오히려 깔깔대며 등신대의 남근상 귀두에 얼굴을 비비며 사진을 찍다 말고, 성행위를 상징하는 몸짓까지 하는 모습은, 아무리 관광지라 해도 내 얼굴까지 붉어지는 데는 도리가 없었다. 과연 아무리 남근이 그리운 처녀귀신이라 하더라도 저토록 크고 많고 기이한 남근 앞에 만족한 웃음을 지으며 풍어를 이루도록 도와줄 마음이 일어날까? 어쩌면 도리어 화를 내지 않는 게 다행일 것 같은 생각이 든다.

입장료를 받아 지방정부의 재원을 마련하는 일도 좋고, 이에 따른 관광객 유치로 지역경제가 활성화되는 것도 모두 좋다. 그러나 최소한 인간이 지켜야 할 염치와

인륜의 한계쯤은 고려했어야 할 일이 아닐까? 남근상 앞에서 깔깔대는 여자들 모습이 거북한 축은 나뿐만은 아니었다. 내 옆을 지나는 중년의 남자 둘이 서로 주고받는 욕설 속에도 그 불편한 감정이 여과 없이 들어났다.

외설과 민속의 볼거리 사이에는 두고두고 다툼의 여지가 있지만, 이렇게 만천하에 들어내 놓고 우리들의 어린 손자손녀들까지 민망하게 할 필요가 있을까 하는 마뜩찮은 생각을 했다. 한 마디 말이라도 실수를 하면 온 나라의 여성단체가 들고일어나 '성인지감수성'의 결여라고 매도하는 성토장이 봇물을 이루는 게 요즘 세태의 풍속도다. 그럼에도 불구하고 번지는 이른바 'n번방'의 관음증 환자들의 전염력은 코로나19를 상회하고 있다. 그 정신질환을 탓하기 전에 우리 사회의 곳곳에 경제적 논리에 자양을 받는 독버섯이 일반대중의 관음증을 부추기고 있는 부정적인 기제들에도 관심을 가져야 할 때다. "비극이 쾌락을 제공하는 이유는, 우리 모두가 가학성향이 있는 개자식들이기 때문이다."라고 한 어느 철학자의 말처럼 우리 모두는 관음증 환자일지도 모른다.

해학과 골계를 즐길 줄 모르는 내 미숙의 탓이거니 하면서 공원을 빠져 나오다 만난 주관처의 시인이 묻는 소감을 나도 직설적인 표현으로 응답했다. 다행히 거세어지는 파도소리가 말끝을 지웠다. 그리고 한 마디 덧붙였다.

"난 다시는 안 올 거야!"

술도 한 잔 안 마시고

삼척에서 문인대회 마치고 나선 관광길
원덕 해변 해신당공원
국빈 맞는 열병식인양 당당한
수백 기의 남근 조각상 사이
일행과 함께한 젊은 여인 하나
등신대의 남근 귀두에 얼굴 바싹 대고
볼을 부비기도 하고 입을 맞추기도 하면서
세상의 모든 웃음을 채집하고 있는, 조금 떨어진 지점
지나가던 중늙은이 중얼중얼
들릴락 말락 혼잣말로
―좆 빨고 있네.

서둘러 자리를 뜨는 내게
둘러본 소감을 묻는 주최 측에
나도 덩달아
한 마디 했다,
―좆·같·네.

세상살이

　삶과 사람은 같은 뿌리에서 파생된 말이 아닐까? '살다'의 명사형 '살음'이 '삶'과 '사람'으로 분화된 것이 아닐까 싶다. 그만큼 살아가는 일은 사람을 만나는 일이고, 사람과 함께 하는 일이기 때문에 하는 말이다. 인간을 생각하는 동물이라 한다. 다른 동물들도 생각이 없지는 않겠지만 인간만이 자신의 삶을 하나하나 계량하며 살아가는, 그 사유의 깊이와 빈도 때문에 얻은 이름일 게다. 옛말의 '사랑'이 생각하다의 의미를 지니고 있었던 점을 되돌아보면, 이 또한 같은 뿌리에서 파생된 말인 것 같다. '서로 사랑하며 사는 존재, 그를 가리켜 사람이라 한다.'는 일반적인 인간론이 가능할 듯싶다. 실제로 사람이 살아가는 모든 국면에서 사람과 사람 사이의 애증관계가 얽혀 있지 않은 경우는 드물다. 가장 차가운 감정으로 거래하는 상행위에서도 상대방에 대한 호오의 감정이 여지없이 표출된다.

일을 위해서건 그냥 여유 있는 시간을 보내기 위해서건 사람들을 만나고 많은 말을 주고받는다. 그 오고가는 말들의 대부분은 실질적인 만남의 주된 의도와는 달리 세상의 돌아가는 흥밋거리 화제이거나 제3자에 대한 풍성한 흉보기와 양념이듯 간간이 뿌려지는 칭찬들로 채워지기 일쑤다. 수다의 주인 자리는 언제나 타인의 흉보기 차지이고, 간간이 자식자랑, 손자손녀 자랑이 그 자리를 넘보지만 그마저 건성으로 받아주는 관객의 호응도에 밀려 이내 그 자리에서 물러나지 않을 수 없다.

직장에서 근무하고 있을 때의 일이다. 내 방에 홀로 떨어져 있자니 심심할 때도 있는데, 그때마다 직원들이 모여 있는 곳으로 가자니 상사의 감시를 받는 듯 불편한 직원들의 속내가 눈치 보여, 내가 자주 하던 말이 있다.

"나 상관 말고 편안하게 일해. 그런데 심심하면 내 욕이나 하지 뭘 하고 지내나? 나도 졸병일 때는 높은 사람 욕하는 재미로 근무했거든. 스트레스 해소에는 그게 제일 좋은 약이야."

조금 과장되긴 했으나 사실이 그랬다. 직장의 간부들

은 자신들의 입지를 위해 직원들을 닦달하기 일쑤고, 잘못한 일도 없이 일방적으로 질책당해야 하는 직원들은 돌아서서 그 간부의 흉보기로 서로를 달랬다.

그런데, 함께 세상을 욕하고, 누군가를 씹던 사람들이 헤어지면서 무슨 생각을 할까? 돌아서서 함께 했던 누군가의 흠집을 찾아 다른 모임의 화젯거리를 장만하고 있지는 않을까? 돌고 도는 말들의 자가 증식으로 상처를 입은 사람도 많고, 그로 인한 시비도 끊이지 않는 게 세상의 실상이다. 같은 자리에서 같은 말을 하고 있다는 사실이 곧 의견의 일치가 아니기 때문에 생기는 일도 많다.

성인이 되면서 익히는 일 중 하나는 자신의 말을 꾸미는 일이다. 타인이 그 의도를 쉽게 알아차리지 못하도록 얼버무리는 법부터 익힌다. 어려서부터 점잖아지라고 교육을 받아 터득한 지혜이기도 하지만, 내심과 표현을 같이 하지 않는 경우를 교양 있다고 권장하는 게 보편적인 가르침의 태도다. 그래서 직설적인 표현은 늘 대접을 받지 못하고 세상의 따돌림을 받는다. 그래서 말을 잘 하는 사람은, 말을 하지 않는 사람이라는 역설이 힘을 얻는 이치이기도 하다.

아첨阿諂의 한자어를 자전에서 찾아보면, 阿는 언덕[阜]에 소리 부분이면서 갈고리 모양으로 굽은 모양의 가可를 합성한 형성자로서 언덕이 굽혀 들어간 곳을 나타내며,

파생하여 '자기의 기분을 굽혀서 따른다'는 뜻이고, 諂은 말씀[言]과 허방다리에 빠진 모습의 형성자로 '자기 자신을 떨어뜨려 남의 비위를 맞춘다'는 뜻이라는 설명이 나온다. 상대방의 비위를 맞추는 일은 자신을 허방에 빠뜨리지 않고서는 가능한 일이 아님을 뜻하는 말로 읽힌다. 우리 주변에는 이처럼 자신을 낮추는 모습을 보이려는 사람은 많은데, 보는 사람의 눈에는 모두 높아지려는 사람들 뿐이다. 아첨이 지향하는 낮춤은 낮아지는 척하는 몸짓 너머로 그 아첨의 상대방까지 타고 올라가는 거짓 낮춤의 진의가 숨어있기 때문이다. 그래서 옛 성인들도 이를 경계하는 말을 남겼다.

"말을 잘 꾸미고 얼굴빛을 좋게 하는 사람 가운데는 어진 이가 적다.[巧言令色 鮮矣仁]"
―〈논어 학이편〉

"여호와여 도우소서. 경건한 자가 끊어지며 충실한 자들이 인생 중에 없어지나이다. 그들이 이웃에게 각기 거짓을 말함이여, 아첨하는 입술과 두 마음으로 말하는 도다. 여호와께서 모든 아첨하는 입술과 자랑하는 혀를 끊으시리니, 저희가 말하기를 우리의 혀가 이기리라. 우리의 입술은 우리 것이니, 우리를 주관할 자 누구리요 함이로다."
―〈시편 12: 1~4〉

철이 든다는 말은, 한편으로는 자신을 치장할 줄 안다는 뜻이기도 하다. 듣는 사람의 눈치를 살피며 곱고 부드러운 말을 고르고, 표정에 변화를 주어가며 자신이 의도한 결과를 얻는 기법을 익히는 일들이 모두 철드는 과정의 표징들이다. 사람을 사귀는 일도 그 표징에 따라 사람마다 분류하는 잣대가 있고, 이러한 제 나름의 준거에 따라 관계의 지속 여부를 결정하는 게 일반적인 교제의 절차다. 내 앞에 있는 이 사람의 사회적 배경이나 영향력의 자장이 얼마나 될까? 내가 이 사람과 관계를 맺는 일이 내 인생길에서 순방향이 될까 역방향이 될까? 짧은 시간에도 머릿속 계산기는 쉴 새 없이 돌아가기 마련이다.

누구 앞에서도 주눅 들지 말고 당당하자고 다짐하면서도, 내가 오르지 못할 어떤 분야의 권위자 앞에서는 저절로 주눅 드는 나를 의식하지 않을 수 없고, 강력한 권력과 재력의 과시를 대면하면 나도 몰래 뒷걸음질을 할 수밖에 없는 내 왜소함을 부인할 생각은 없다. 내가 그런 존재인 줄을 자각하면서도 때로는 내 앞에 있는 다른 사람들의 무게를 재고 있는 내 추한 모습을 볼 때마다 어느 쪽이 나인지 몰라 망연해지기 일쑤다.

오늘도 젊은 사람들 만나, 무용담처럼 내 젊은 삶에 덧칠로 과장한 몇 마디, 자랑삼아 흘리고 그들도 잘 아는 몇몇 내 눈에 차지 않은 친구들 행태를 허락도 받지 않고 감정평가를 하다 왔다. 델포이의 아폴로 신전에 새겨져 있었다는 그 말이 더욱 절실하게 내 가슴을 파고드는 날이다. "그노티 세아우톤. 너 자신을 알라."

분장이거나 과장이거나

온종일 사람 만나 말의 늪을 헤엄쳤다
우연도 필연인양 얽섞여 감돈 하루
정작에 하고픈 말은 한 마디도 못하고

예닐곱 어릴 적엔 말 그대로 말을 했지
말결에 분칠하고 휘장 친 건 언제던가
차라리 말문을 닫고 짐승같이 짖어볼까

새사람 만날 때마다 그 무게를 계량하고
그 사람 설 자리를 중량 따라 줄 세웠지
나마저 내가 낯설어 몸 둘 바를 모르고

가끔은 주저 없이 맨몸으로 나서보랴
약하면 약한 대로 추하면 추한 대로
하늘이 허락한 모습 덧칠 않고 살거나.

이무권 시와 산문집
시와 함께 걷는 삶의 여백

인쇄 2020년 7월 10일
발행 2020년 7월 25일

지은이 이무권
발행인 양소망
발행처 도서출판 넓은마루
주 소 서울특별시 종로구 삼일대로 30길 21. 618호(낙원동, 종로오피스텔)
전 화 (02) 747-9897
이메일 withpoem9@hanmail.net
출판등록 제2019-000100호
인쇄·제본 신아출판사

저작권자 ⓒ 2020, 이무권
이 책의 저작권은 저자에게 있습니다. 서면에 의한 저자의 허락 없이 내용의 일부를 인용하거나 발췌하는 것을 금합니다.
COPYRIGHT ⓒ 2020, by Lee Mugwon
All right reserved including the rights of reproduction in whole or in part in any form.
저자와 협의, 인지는 생략합니다.
잘못된 책은 바꿔드립니다.

ISBN 979-11-90962-00-1 (04810)
       979-11-968089-8-3 (세트)

값 13,000원

> 이 도서의 국립중앙도서관 출판예정도서목록(CIP)은 서지정보유통지원시스템 홈페이지(http://seoji.nl.go.kr)와 국가자료공동목록시스템(http://www.nl.go.kr/kolisnet)에서 이용하실 수 있습니다.(CIP제어번호: CIP2020028990)

Printed in KOREA

* 이 작품집은 한국학예술 의 후원으로 발간되었습니다.